50000人を占ってわかった

99%の人生を決める1%の運の開き方

崔 燎平

Ryohei Sai

内外出版社

はじめに――占いは不思議な力ではない

はじめまして。崔燎平《さいりょうへい》と申します。

僕は九州の某所で、カラオケボックスなどの事業を営む30代の経営者です。

そんな、どこにでもいる中小企業の社長が、いったいなんで開運の本なんか出しているんだ？　とお思いでしょう。

そうですよね。自分でも驚いています。


僕は、占い師でも、セミナーの講師でも、「何かが見える」力のある人間でもありません。自分を「占い師」と名乗ったことも、一度もありません。

ただ、ある不思議な出来事をきっかけに、10年以上、占いの勉強をしてきました。

占いの勉強を続けた理由は、天文学を始め、風水、九星気学、算命学、手相、家相、陰陽五行説、姓名判断、などなど、古くから続く人の運勢に関するあらゆる知識を活《い》かし、幸せで健全に生きるためでした。

ですからはじめは、人のために占う気などさらさらありませんでした。

そんな僕がなぜ占い開運アドバイザーとしてこうして本を書くことになったのか。

そのいきさつはのちほどお話ししたいと思いますが、その前に、本書を手にとってくださったあなたは、占いにどんなイメージを持っていますか？


占いにはいろいろな種類があります。

水晶玉を見る人、タロットカードを切る人、ご先祖様と会話ができるという人、神さまが降りてくるという人――その多くを、僕は信用していません。

もちろん全部を否定はしません。なかには本物と言われる人たちもいるでしょう。ただしそれは、確率で言ったら、100人のうちひとりくらいなのではないかと思います。ほとんどの人たちには信憑性《しんぴょう》も根拠もありません。

しかし、僕が考える占いとは、信憑性も根拠もあるものです。

そこで質問です。

信憑性も根拠もある、もっとも身近にある占いってなんでしょう？

それは、朝のニュース番組でやっている星座占い……ではなくて、天気予報です。

天気予報は、気温がこれくらいで気圧がこれくらい、この風向きのときは○○地方では雨が降りやすいとか、この気圧配置のときは台風が起こりやすいとか、過去の膨大な気象データから未来の天気を予測するものです。

占いもそれと同じです。**過去のデータ（統計）をもとに未来を予測するのが占い**なのです。

たとえば、「ピクニックに行きたい」と思ったら、天気予報をチェックしますよね。すると、明日は降水確率が80％で、あさっては晴天の予報だった。そうしたら、「明日はピクニックはやめてあさってにしよう」などと判断して行動できます。

これを僕のところに来る占いのお客さんに置き換えると、「そろそろ結婚したいんだけど、いつ、どうすればいいでしょう？」という相談になります。僕はありとあらゆるデータを使って、「今はそういう時期じゃないみたいですよ。再来年はよさそうだから、今はジタバタせずに、自分磨きしたり、自分が楽しいと思うことをしてください」といったアドバイスをする。つまり、天気予報のように、「明日は雨だけど、あさってなら晴れるからいいピクニックができると思いますよ」と、その人が持つ運勢を分析して伝えていく。

それが占いだと、僕は考えています。

あくまでもデータを元にしたものなので、おおまかな部分で予測はつくけれど、100%の確率ではありません。そんなところも天気予報と似ています。

占いは人類最古の学問のひとつ

気候や天気は、1年を通して、星のめぐりによって変化していきます。それを、わかりやすく数字を使って表したものが「暦《こよみ》」です。

暦すなわち天文学は、人類最古の学問のひとつと言われています。

暦を発明したことで、人々は、「星がこの位置にきたら、種をまくといいよ」「星がここまで来たら季節が変わり寒くなるから、備えておいたほうがいいよ」という知恵を得て、先を見越して行動し、農業、そして文明を発展させていくことができました。

そして僕は、占いも、人類が「暦」を発明したときと同じくして生まれたものだと思います。

占いの中でももっとも基本となるものは、その人の生年月日を元にしたもの。つまり暦です。なぜ生年月日を元にするのかといえば、生年月日には、先人たちが調べて分析した膨大なデータが込められているからです。

暦という星のめぐりのデータをもとに未来を予測していく——どうでしょう。天気予報と占いのルーツは、同じだと言えるのではないでしょうか。

天気予報も占いも、統計学です。僕は、さまざまな事象のデータを取り、分析して自分に取り入れることによって、自分の運気の流れがよくなっていくことを、身をもって経験しました。そして今では結婚して幸せな家庭を築き、子どもにも恵まれ、経営者としても順調と、幸せな生活を送っています。

天気予報士が天気を予測するように、僕は占いによって自分の人生を予測し、生き方や経営に役立てているのです。

幸せをつかめるかどうかは、99％自分次第

僕は今、だいたい月に200人、年間2000人くらいのお客さんを占っています。すでに10年以上やっていますから、講演会に来てくれるお客さんや無料で占っていた期間を含めると5万人くらいの方にお会いしてきたと思います。

その方たち一人ひとりが、僕の占いにとって貴重なデータを提供してくれています。

「お金持ちになった人には、どんな共通点があるんだろう」
「幸せな結婚をしている人は、どんな考え方をするんだろう」
「結婚したいのになかなか結婚ができない人は、何が障害になっているんだろう」

生年月日、時期的なこと、人相、服装、行動、ものの考え方、体つき、姿勢、家族関係、習慣、などなど、ありとあらゆることがデータとなり、僕は占いの精度を上げていくことができました。

この本では、そのデータやエピソードから僕が発見した、幸せに暮らしている人たちに共通するポイントをお話していきたいと思います。

幸せに暮らす人たちのものの考え方や自然にやっていることの中には、成功へのヒントがぎっしりと詰め込まれています。

中には、「なんだ、そんなことか」と思うようなこともあれば、「え？　さすが、成功する人は違うな」と思われることもあるかもしれません。

確実に言えることは、これらのことをやっていけば、あなたも幸せになれるということです。

それがデータの力です。

僕は断言できます。

誰でも、幸せになることができます。

そして、幸せをつかむかどうかは99％、あなたの意志と行動にかかっています。

あとの1％が、「運」と言われるものです。占い師ができることは、その1％の運勢を見て、あなたに幸せになるきっかけをつかんでもらうことだけです。

本書では、僕がこれまでに集めたデータから、あなたが幸せをつかむきっかけをお伝えしていきます。

僕がこれまで学んだことを元に、幸せになりたいと思っている方の1％の後押しができれば、こんなに嬉しいことはありません。

99％の人生を決める1％の運の開き方　◉目次

第1章 幸せなお金持ちになるために、絶対にしてほしい6つの習慣

第2章 幸せなお金持ちの共通点

第3章

運のいい悪いは「見た目」でわかる

第4章
運を開く考え方

［構成］小嶋優子
［カバー＆本文デザイン］奥定泰之

第1章

幸せなお金持ちになるために、絶対にしてほしい6つの習慣

僕が占いを始めたきっかけ

自分自身が幸せになるために占いの勉強を始めた僕でしたが、あることをきっかけに人を占うようになり、今では年間2000人以上もの人を占うようになりました。まずはそのいきさつをお話しさせてください。

ちょっと不思議な話なのですが、実話です。

僕は20代のときに、とある場所で、「ものすごく当たる」と評判の占い師さんに手相を見てもらったことがありました。そのとき、その占い師さんにこう言われました。

「あなたは30歳まで生きられない」

「結婚もしないし、子どもを抱くこともない。起業しても、成功しない」

20代前半の僕は、それらの言葉にものすごくショックを受けました。「なんでそんなことがわかるんだ」と反発しつつも、動揺し、落ち込んでしまいました。

そんなショックも、日々の忙しさに紛れてだんだんと忘れかけていた頃です。

当時、僕は東京で商社マンとして働いていました。そして忘れもしません。街なかを歩いているときに、通りすがりのおばあちゃんにいきなり腕をつかまれたのです。

びっくりして見ると、おばあちゃんは僕の腕をさらにぐっとつかんで言いました。

「あんたは、いつか占いをすることになるよ」

「……は？」

一瞬面食らいましたが、キャッチセールスか宗教の勧誘だろうと思い、即座に「いや、けっこうです」と振り払って立ち去ろうとしました。するとそのおばあちゃんが追いかけてきて、こう言うのです。

「なんでしないん？」

なんだ？　ずいぶんしつこい勧誘だなと思った僕は、つい声を荒らげて言いました。

「僕、占いが嫌いなんです。占い師にあれこれ言われて落ち込んでいる人間を見るとイライラするんですよ！」

他人事みたいに言いましたが、自分のことでした。以前占いでひどいことを言われた記憶が蘇り、初対面のおばあちゃんに怒鳴ってしまったのです。するとおばあちゃんは言いました。

「そう、だからあんたがしなさい」

「………」

「どれだけ当たる占い師と言っても、手相や人相、生年月日、名前といったものからわかることは全体のたった1%なんだ。その1%を当てて、どうだ、とふんぞりかえっているのは、本当の占い師ではない。

人は自分の運命を99%、自分で決めることができる。

残りの1%の運を占って、その人がこの先をどうやって生きていくかのきっかけを与えるのが、あんたのような、占いをやる人の使命なんだよ」

その言葉は、なぜか僕の心にすっと入ってきました。

10年ちょっと前ですから、ちょうど細木数子さんが大ブームになっていた頃です。僕もテレビのバラエティ番組で細木さんがタレントさんをこっぴどく叱りつけている姿を何度か見ていたので、占いと言えばそんなふうに相談者を脅し、罵倒するようなものだと思いこんでいました。

ですが、このおばあちゃんが言う占いは、どうやら違うようです。

「そうか。占いとは本来、人が幸せになるためのきっかけを与えるものなのかもしれない」

占いに対するマイナスイメージを変えてくれたこのおばあちゃんとの出会いが、僕を占いの道へ導きました。

おばあちゃんとその仲間の占い師さんたちが、その後、僕の師匠となってくれたのです。

九州へ帰る

20代半ばで商社に就職した僕は、当時、若かったけれどそれなりにいい給料をもらい、結婚目前の彼女もいました。サラリーマン生活は順調で、このまま結婚して家族を持ち、定年まで勤め上げるのだろう、と漠然と思っていました。

ところが、ある年の夏前に状況が変わりました。

故郷の九州で飲食店を経営していた親が事業に行き詰まり、多額の借金を負ってしまったのです。到底、僕が給料から返せるような額ではなく、バイトをしてもどうにもなりませんでした。僕に占いを指導してくれていたおばあちゃん先生たちは言いました。

「あんたは絶対に九州帰る」と。

「僕、帰らないですよ、東京に骨を埋める覚悟で来ているから」

そう言い張っていましたが、結局、親の借金を背負う形で帰ることになってしまいました。

そのときある人から、カラオケボックスの空きテナントがあるから、カラオケボックスを経営してお金を返さないかと持ちかけられました。こうして僕は、九州で経営者として生きていくことになったのです。

九州に帰ってから、僕は、親の借金を返すために一生懸命働きました。

1年365日、休みは1日もありません。1日の労働時間は14～15時間で、借金返済のため自分の給料は1カ月6万円。食費もままならず、おもに食パンで命をつないでいました。

ですが、必死で働いたせいか、お店はだんだんと軌道にのっていきました。

そしてしばらく経った頃、僕は、カラオケに来てくれるお客さんに何かサービスをしたいと考えるようになりました。そのとき、思いついたのが、「占い」でした。

それまでも、お客さんたちに、「仕事で成功したいなら、こっちの方角に旅行するといいよ」「いつ頃彼氏ができるよ」などとアドバイスすることがあり、僕の占いを目当てに来てくれるお客さんも多勢いたからです。

そこで、これをお客さんにサービスとして、無料で正式にやっていくことにしました。

自分にできることでお客さんが喜んでくれるなら、と気軽な気持ちで始めたのですが、「カラオケボックスにちょっと占いができる人がいるらしい」という話が、近所に広まっていくのに、そう時間はかかりませんでした。

いつもどおり出勤したある日のことです。

カラオケボックスは、平日の夜はそれほど忙しいことはありません。ところが、その日は、平日の夜なのにお店が満室になっていました。

「うちのお店もとうとうここまでになったか！」と感激しながら事務所に行ってみると、店のスタッフが全員ボーッと立っています。駐車場はいっぱいだし、これだけお客様が入っているのだから、何かオーダーとかあるだろ⁉　とさっそく注意しようとしたのですが、ふと気づくとどの部屋からも歌声が聞こえず、なんだかしーんとしています。不審に思ってスタッフに尋ねると、驚きの答えが返ってきました。

「1号室から20号室まで、全部店長の占い待ちなんです。だから歌を歌いに来たお客様がお店に入れなくて、駐車場で待っているんですよ」

部屋をのぞくと、占い待ちのみなさんがじっと座っていました。

驚きました。と同時に困りました。いくら満室になっても、占いのお客さんばかりで歌を歌ってもらえないのでは、カラオケボックスとして本末転倒です。

そこで、占いは予約制にすることにし、毎月、月のはじめにブログで告知していっせいに予約を受け付けることにしました。

これで一件落着——と思いきや、月に約70~100の予約枠は受付開始後10分もしないうちにいっぱいになってしまい、今度はなかなか予約が取れずに苦情を言う人が出てきました。それどころか、予約枠をひとりでいくつもとって、それを転売する人まで現れました。

僕自身は無料でやっているのに、売買されているのではサービスの意味がありません。僕はすっかりやる気を失い、やめようと思ったのですが、「有料でもいいからやめないで!」というお客様からのたくさんの声が寄せられ、思い直しました。転売防止のために申し訳ないけれど有料にさせてもらい、続けることにしたのです。

それから約12年。今でも占いを続けています。

今は、予約枠を一枠５０００円で販売させていただいています。しかしこれでもまだ、転売する人はいます。

もっと高くしたらと言う人もいますが、お金に困っている方がやっとの思いで予約をとって来られることもあるので、これ以上の金額にしたくはありません。

こうして占いを続けてきた結果、今では、高校や専門学校、経営者の集まりなど、多くの人が集まる場で講演する機会も増えてきました。だいたい、月に4、5回くらい、生きるヒントにしていただけるようなことを講演でお話ししています。そんな流れの中で、今回、僕の話を本にまとめたら、というお話をいただき、出版の運びとなったわけです。

かつて、東京から福岡に戻るときに師匠からこう言われました。

「あんたは絶対立派な経営者になる。借金も返せる」

それは僕を励ますためについた嘘だったかもしれないし、本当に何か予知していたのかもしれません。

厳しい生活を続けましたが、師匠の言葉も後押しになり、ついに親の借金を返すことができました。さらに今、「占いもできる経営者」となったわけです。

以上が、僕が経営をしながら占いをすることになったいきさつです。

「なる」前に「なっている」

初めにも言いましたが、僕は占いをする上で不思議な力を使う人間ではありません。オーラが見えるとか、ご先祖さまと会話ができるとか、神様の声が聞こえますなんてことはありません。僕がやる占いは、さきほども言ったように、暦をはじめとする統計をもとにしています。

それは、さまざまな人の、人生における共通点を探していくことです。たとえば幸せな人には幸せな共通点があり、不幸な人たちには不幸な人たちの共通点があります。

結論から言うと、貧乏な人、お金持ちの人、結婚できる人、できない人、離婚する人、しない人、などすべてのことに共通点があり、実際にそうなる前から、そうなることが決まっています。

「決まっている」と言うと、「自分では運命を変えられないのか」と思われるかもしれませんが、そうではありません。

「自分で決められるのに決めていない」人が多いのです。

たとえば、今日着る服を赤にするか黒にするか。財布を長財布にするか二つ折りにするか。

そんなことからも運命は決まってきます。

黒い服を着た女性たち

僕のオフィスには、月曜日から金曜日まで、毎日10人くらいの方が相談に見えます。その6割が女性です。

緊張した面持ちで入ってきて、椅子に座ります。そこで僕は開口一番、

「あなたは、夫婦仲がうまくいっていないんですか？」

「どうしてわかったんですか⁉ まだ一言も話していないのに！」

簡単なことです。その方が黒い服を着ていたからです。

これまで10年間見てきた中で、家庭がうまくいかない、子どもができない、結婚ができないという女性の服装は、ほとんど黒かグレーでした。その中でも、「本当に危ないな」と思う人は、全身黒ずくめです。そのままお葬式に行ってもおかしくない。

こういう方はおそらく、結婚や恋愛、不妊に悩むようになって初めて黒い服を着始めたわけではないでしょう。そうなる前から黒やグレーを着ていたはずです。

一方、ピンクや花柄の服を着た人が、家庭不和、不妊、結婚できないといった相談に来られたことはこれまで一度もありません。

ですから、そういうことで悩みたくないのなら、初めからピンクや花柄の服を着ていることが大事なのです。それが、自分で運命を決めるということです。

あなたの現状は、あなたが引き寄せた結果です

「なる前になる」。

僕は、講演会などで必ずこの話をします。あなたが今生きている現実は、今、偶然そうなったのではなくて、「なる前からなっていた」のです。

例はいくらでも挙げることができます。たとえば、体操の内村航平選手。言わずと知れた体操の王者ですが、彼はそもそも20年前から金メダルをとると言っていました。そしてその言葉どおりになるよう、日々生活してきました。結果はご存知のとおりです。

あるいは歌手の安室奈美恵さん、あるいは野球のイチロー選手。幼い頃から「自分は将

来こうなる」ということを明確に言っていた人たちです。

まず、自分がどうなりたいかというイメージを作る。そして、そうなっていくようにする。

このことが、本当に大事です。でも**意外と意識していない人が多い**のです。

たとえば10年後の自分を、あなたはイメージできているでしょうか？

具体的にイメージできているのなら、それに向かって進んでいけばいいだけです。

ところが、**「私はこうなりたい」と言っていることと、実際にやっていることがかけ離れている人が大半**なのです。そしてほとんどの人が、そのことに気づいていません。

「普通でいい」という人たち

僕は相談に来られる人に「あなたは将来、貧乏人とセレブのどちらになりたいですか？」と質問をすることがあります。あなただったら、この質問になんと答えますか？

昨年1年間で、20代後半から30代前半の男性にこの質問をすると、「普通でいいです」という人が半分くらいいました。

僕の先生はかつて、結婚の相談に来ていた女の子に言っていました。

「『普通でいい』という男は普通以下の生活をするから、絶対に結婚相手に選んではいけないよ。あんたが普通以下の生活でいいならいいけれどね」

「なる前になっている」ということ、つまり、イメージを作って行動することは、何をする上にも大事です。

毎日黒い服を着て、「だんなが浮気しているんです」と占いに駆け込んでも遅いです。

いい人が見つからないからといって、縁結びの神社をはしごしてもだめです。

その前に、「**すでにやっていなくてはいけないこと**」があるのです。

この章で、幸せなお金持ちがやっている習慣を６つ、紹介していきます。これらの習慣は、今、幸せと成功を手にした人たちが、その成功と幸せを手にする前からやっていたことです。

あなたも騙されたと思って３カ月続けてみてください。必ず効果が現れます。

ひとつずつ見ていきましょう。

第1条　明るい色の服を着る

ひとつ目は、女性に絶対してほしいことです。

男性は、奥さんや恋人など、パートナーの女性にしてもらってください。

それは、**明るい色の服を着る**、ということです。

去年1年間で僕のところに離婚の相談に来た人が約500組。そのなかで450組以上が、暗い色の服装をしていました。僕が占いを始めたこの十数年で、ピンクの服を着て、花柄のスカートをはいた女性が離婚の相談に来たことなんて一度もありません。また、そういう服装の人が「子どもができない」「結婚ができない」、と言ってきたことも一切ありません。

うまくいっている人であれ、いない人であれ、服装を見ると、**「確かに今の現状が似合っているな」という格好**をしています。現状に似合っている格好を始めたのが、そうなる前なのか後なのか。

うまくいかなくなる前から、その格好をしていたのではないかと思います。だから、今の現状があるのです。

黒に偏りすぎないことが大事

ただ、黒やグレーなどの暗い色は、女性のファッションで人気の色です。どうしても手放せないという方もいるでしょう。

絶対に着るなと言っているわけではありません。ただ、黒に偏りすぎないこと。ここだけは注意してください。世の中にこれだけ色があるのに黒ばかり着るのは、明らかにバランスが崩れているのです。

僕たちは、お葬式のときには黒を着ます。ふだんの日に暗い色の服を着るのは、自分ではそんなつもりはなくても、**初めから別れの準備をしているのと同じ**です。

一方、花嫁がバージンロードを着て歩くのは白いドレスです。黒はありえません。

ある講演会でそう話したら、「結婚式で、新郎新婦の両親が黒い着物を着るのはなぜですか？」と質問をした方がいました。

結婚式は、娘と息子の自立のための式。つまり親子の別れの式です。

昔の人たちは「白黒はっきりつけなさい」と言いました。どちらかけじめをつける色でもあるのです。

男性の服装は？

男性にとっても、妻や恋人など、隣にいる女性が明るい色の服を着ているのはとても重要です。暗い色の服を着ている女性は男性の運気を食いつぶすと言われているからです。

では、男性自身はどんな服装をしたらいいのでしょう?

じつは、男性は何色でもかまいません。その理由は、自分が考えるに、男性は「ただの容《い》れ物」だからです。飲み物でたとえれば、男性がコップで女性がその中身です。同じコップでも、その中に麦茶をいれるか、ドンペリを入れるかで価値が変わってきます（これは大事なことなので、第2章で詳しくお話しします）。

昔、僕のカラオケボックスによく来てくれる人がいました。その方が最初来たときに、あまりにも汚いホームレスのような格好だったので、スタッフに「あの人、喰い逃げするかもしれないからよく見ておいて」と言ったくらいです。

ところが、後から来られたその方の奥さんは、たいへんきれいな格好をされていたのです。それで一気に、「この人、ただものじゃないな」と強い印象を持ちました。

のちのち仲良くなって話をするようになってわかったのですが、その方は九州でも有数の大きな会社の社長さんでした。そこで僕は尋ねました。

「社長、奥さんはいつもすごくきれいな格好をしているのに、なんで社長はいつもそんなに汚い格好をするんですか？」

そうしたら、社長はわっはっはと豪快に笑い、「おまえはまだ若いね」と言いました。

「最初俺を見たとき、ホームレスと思ったやろ」

「けど俺の嫁を見たとき、ちょっとただもんじゃないと思ったやろ」

「正直思いました」

「そうです。思いました」

社長が言うには、自分がどれだけぼろの格好をしていても、横にいる女性にきれいな格好をさせていたら、男の価値はそれだけで自然と上がるというのです。

「たとえ俺が上下100万円するアルマーニのスーツを着ても、横に歩く奥さんが汚い格好をしていたら俺の価値は下がる。だけど、その逆なら、俺の価値は上がる。だから、俺が着飾る必要はないけど、『おまえがきれいにしとかないと俺の顔が立たん』と言って、どれだけ金がないときでも奥さんには絶対きれいな格好をしろって言ってたよ」

するとと、奥さんはこう言いました。

「私が黒い服を着ていると、〝そんな服着るな!〟と彼は手もつないでくれないの。おまえは後ろを歩け、嫁だと思われたくないって。せっかく気に入っていた服だったけど、着替えて出かけたこともあったわ」

そのうち、奥さんは黒を着なくなったそうです。

社長の言葉を「一緒に歩く女性が男性の価値を決める」のだと考えると、男性の運勢というのは、いい運勢を持った女性をつかまえるから上がるものだといえます。そもそも男性単体では「運」を持つ生き物ではないという人もいるくらいです。

どういう女性が横にいるかによって、男性の運は変わる。そして**運のいい女性というのは、明るい色の洋服を着る確率が高い**ということです。

もともと、女性は黒を着なかった

「別れ」という特別な機会にしか身につけていなかった黒い服装を、あるときから、日本の女性が日常的に着るようになりました。しかし、暗い色の服を着る女性が増えると、その国の経済はどんどん衰退するという話があります。

50年前の日本では、黒を着て街を歩いている女性はほとんどいませんでした。家でお母さんの若い頃の写真があったら見てみてください。白黒写真でも、明るい色や柄ものの服が多かったことがわかるはずです。

戦争が終わり、街が復興し始めると、女性たちはエネルギーを爆発させるように、派手な柄や明るい色のスカートやワンピースなどを身にまとうようになりました。その間、日本は驚異的に成長し、高度経済成長が実現したのです。

日本で黒一色のファッションが流行ったのが80年代。そのきっかけは、ファッション誌が、上から下まで全身黒ずくめの格好をおしゃれだとして広めたことでした。「カラス族」という言葉も生まれました。当時は60年代に始まった高度経済成長の最後のピークで、90年代に入ってついにバブルがはじけ、日本は長い不況時代に入っていきました。その間、黒い服は、完全に女性の服装として定着しました。

世界的に見ると、黒を初めて女性のファッションに取り入れたのは、あのシャネルです。彼女はずっと独身で、愛人と仕事の道を貫き通し、幸せな家庭生活には生涯縁がありませんでした。

昔から続く国民的なアニメというと、「サザエさん」「ドラえもん」「ちびまる子ちゃん」などが思い浮かびます。「サザエさん」がいちばん古く、1969年に放映開始。「ドラえもん」は1973年。いちばん新しい「ちびまる子ちゃん」でも放映開始が1990年と、すでに28年も続いています。

この3作の画面を思い浮かべてみると、共通点に気づくと思います。そうです、暗い色の服を着ている女性が出てこないのです。これらの番組がこれだけ長く愛され続ける理由、家族で安心して、明るい気持ちで見ていられる理由のひとつが、出てくる女性たちに使われている色にもあるのではないか、と僕は思います。

黒は仕事の色でもある

「黒」という色には、物事に対する集中力を上げるという意味もあります。ですから、勉強や仕事に集中しやすいよう、学生が着る学生服は上下黒ですし、サラリーマンやOLさんが仕事の時に着るスーツもほとんどが黒に近いダークな色です。

ただ、ちょっと怖い話になってしまいますが、僕の先生は、そうやって女性の社会進出が進み、女性がダークな色を普通に身につけるようになった結果、不妊や婦人科系の病気に悩む人が増えてきたと言っていました。

さらにいうと、黒ばかり着る女性には、ダメ男が寄ってきてしまう、という傾向もあります。

僕のお客さんでよくいるのは、「私は出会ってすぐホテルに行こうって言われることが多いんです。なんでそんなに軽い女に見られるんでしょう？」という人。見ると、ちょっとぽっちゃりしたタイプで、やはり上下ともに黒を着ています。

なぜ体目当ての男性が寄ってくるのかというと、黒などのダークな色を着ていることが、男性に「私の体を見てください」と伝えているのと同じことになってしまっているからです。

いや、黒を着るのは細く見せたいからで、体に注目してほしいわけではない、と思う人もいるでしょう。ところが、黒を着ることでほっそり見せるどころか逆に「私は体型がコンプレックスです」「自信がありません」と大声で言って歩いていることになってしまうのです。そのため女性のコンプレックスに敏感な男が、「いやキミはぜんぜん太ってないよ」「むしろ魅力的だよ」と言葉巧みに寄ってくるわけです。

一方、明るい色を着ている女性に対しては、男性は体だけを見ることはせず、その人の内面や全体の雰囲気をメッセージとして受け取ります。すると、その女性は気の合う男性と出会えるというわけです。

「かわいい女性」と「きれいな女性」、どちらになりたいか

ところであなたは、貧乏人になりたいですか？　それともセレブになりたいですか？

僕がそう聞くと、多くの人が「セレブ」と答えます。

「では、あなたは、〝セレブな女性〟ってどんな人をイメージしますか？」

そう聞くと、「きれいな人」とか「きれいでかっこいい女性」「上品でセンスのいい女性」といった答えが返ってきます。そこでさらに質問します。

「ではあなたは、〝かわいい女性〟か〝きれいな女性〟、どちらになりたいですか？」

この質問をすると、「かわいい女性」と答える人が多いです。

そこで、最後の質問です。

「あなたがイメージするセレブな女性は、かわいいかきれいか、どちらでしょう？」

ここまで聞くと、みなさん「あ！」と気づかれます。あなたはどうでしたか？

セレブになりたいのなら、「かわいい」を目指してはだめです。

僕は男なので女性に対してそれほど厳しい言い方はしないのですが、うちの先生は、「かわいい女性でいたい」と言った人にとても厳しく言っていました。

「あんた、犬、猫、子ども見てなんて言うね。そうよ、かわいいって言うね。愛する人からかわいいって言われているってことはね、あんたは女としてなめられてるんだよ、かわいい、いいよ、動物や子どもと一緒だよって。

40になってもかわいいと言われたい女を、周りの男は陰でなんと言うかわかる？『あいつふけたな』って言うよ。でもね、50、60でも〃きれい〃と言われる女はいるんだよ。だからきれいでいなさい。かわいいは努力を必要としないけど、きれいには必ず努力がある。もしどうしてもかわいいって言われたいなら長生きしなさい。80越えたらみんなかわいいって言われるよ」と。

セレブになりたい。でも、私はかわいくいたい。これがズレです。

自分がイメージする「セレブな女性」は「きれいな女性」なのに、なりたいのは「かわいい女性」。だからセレブになれないのです。

じゃあ、きれいになる努力をしようということで、髪型を変え、整形して、ダイエットしたらいいのかといったら、それは違う、と先生は言っていました。

人間には、色彩感覚というものがある。その中で、「心の琴線に触れる色」というのがある。それは、自然が全部教えてくれている。それを身にまとうことが、きれいになるということだよ、というのです。

真っ赤に沈む夕日。

満開の桜。

雨上がりに現れた大きな虹。

新緑の山々。

秋の紅葉。

それらを見たとき、思わず出てくるのが、「きれい」という言葉です。それらを見て「かわいい」という人がいたらちょっとおかしいですよね。その「きれい」な色がどんな色だったのか思い出して、それを身にまといなさい、という話を、先生は悩みを抱える女性によく言っていました。

「セレブな女性をイメージしてください」と言われたとき、髪がぼさぼさで毛玉だらけのボロボロのセーターを着ている人をイメージすることは、まずないと思います。

反対に、ピンクの服を着て、髪をきれいに巻いて、ひらひらとしたスカートをなびかせて歩いている人が、旦那さんに殴られたり蹴られたりしながら、パートや子育てに必死で走り回っているイメージもないでしょう。

「女はきれいにしていなさい。きれいにしていれば、それに似合う現状がやってくるから」

先生がいつも言っていたこの言葉は、僕がその後たくさんのセレブの女性や、反対に夫婦関係に悩む人を見てきて、本当にそうだと思います。

自分が感じた「きれい」を身にまとう。

神社にお参りするよりも何よりも、それが最優先です。

すべての子どもが持つ「幸せになる才能」

「明るい色の服を着てください」というお話をすると、そんな色は似合わないとか、太って見えるからいやだとか、ピンクや花柄はなんだか恥ずかしくて無理、などと言ってなかなか着ない方がいます。いえ、ほとんどの人が、僕がいくら言っても残念ながら着てくれません。せっかく時間もお金も使って相談に来ているのに、なんでだろう？　と逆に不思議です（笑）。

でも、そういう人も、そうやってあれこれ言い訳を言うようになる前は、ちゃんと「きれい」な色を選べていたときがあったのです。

僕は、幼稚園である実験をしました。女の子だけに集まってもらい、色とりどりの色紙を並べて、「この中から好きな色の色紙を持っていっていいよ」と言って取ってもらったのです。

いちばん人気は金と銀でした。その次に、ピンク、赤、オレンジ、黄色といった暖色。次に、青や緑。最後まで1枚も持っていかれなかった色が、黒とグレーと茶色でした。

なぜ僕が幼稚園でこんな実験をしたかというと、僕の先生が、**「成功や幸せを手にしていく人の第一条件は、純粋で素直で単純であること」**、とよく言っていたからです。

僕はひねくれているので、「それってただのバカなんじゃないの?」と先生に言いました。すると先生は、

「そうではない。大人になれば、純粋で素直で単純であるところに、信念が生まれる。だから人から騙されたりすることはない。信念があったうえで純粋で素直で単純であることが、とても大事なんだよ」と言いました。

それを聞いて僕は思いました。この世でいちばん「純粋で素直で単純」なのは誰かと言

ったら、子どもたちです。それなら、子どもたちがいちばん、成功する才能を持っているということになります。そこで、そんな子どもたちが何色を選ぶのか試したくて、この実験をしたのです。

今、幸せになれないと言って僕のところに相談しにくる人たちも、生まれた瞬間から25歳や35歳だったわけではありません。それ以前は、もっと純粋で、素直で、単純で、幸せになる才能が豊かだった時期があったのです。そのとき、黒が好きだったかといったら、いちばん嫌いだったのです。

でもその感覚がだんだんズレてきて、好きだった色を身にまとうことをやめ、いちばん嫌いだった色を身につけるようになり、鏡の前でため息をついて、うまくいかないと悩む。どうでしょう。心当たりがある女性が多勢いるのではないでしょうか。

誰だって、夢を叶えたいとか、幸せになりたいと思って生きています。

わかりやすいので「セレブになること」を例にとってお話をしますが、日本のセレブを年収5000万円以上の人と考えると、その確率は、日本の人口の5千分の1とか1万分の1くらいだと思います。ということは、みんなと一緒のことをしてはだめです。

周りがみんな黒やグレーなどの色のない格好をしているとき、ひとりだけピンクを着ることには勇気がいるかもしれません。でも、そこであなたがピンクを着ていても、「あの人ピンクの服なんか着てる！」と言って人から笑われることはありません。というより、みんなそこまであなたに興味はない。

けれども、**幸福はあなたを見つけて近寄ってきます**。

絶対に黒を着てはいけないと言っているわけではありません。偏ることが問題なので、ふだんから、なるべく明るい色の服を身につけることを意識してほしい。黒い服を着たら、その分、明るい色の服を着るようにする。その積み重ねが、未来を作っていきます。

第2条　夜、お風呂につかり、朝、窓を開ける

僕は、講演会で壇上に立ち、客席の何百人という人を前にしたとき、ある特徴を持った人がぱっと目に入ってきます。

そしてこう言います。

「そこの後ろの方と、こちらの前の方とそちらの横の方。あなたたちは、夜、お風呂に入ってないでしょう?」

「そんなばかな！　毎日入っていますよ！」

「でも、シャワーだけでしょう?」

「え？　あ、はい、そうです……」

あなたは夜、お風呂につかりますか？　それともシャワーだけですか？　最近はシャワーだけで済ますという人もかなり多いようですね。

僕は、ひと目見ただけで、お風呂につかる習慣がない人を当てることができます。もちろん、臭いがするとか汚れているとかではありません。ひと言でいうと、人相が残念なのです。顔のつくり自体はいい人も多いのですが、血色というか色合いというのか……どこかが惜しい。

なぜこんなことを問題にするのかというと、運がよくて幸せな人はみんなやっていて、そうでない人はやっていないこと、と考えたとき、まっさきにこの習慣があげられるからです。

うまくいっている人は、毎日お風呂につかる習慣があります。詳しく聞いていくと、お湯につかっている時間はだいたい10分くらい。はじめにつかって、出る前にもう一度つかる。または、3分×3セットとか、みなさんトータルでだいたい10分くらいつかっているようです。半身浴でもかまいません。

一方、ふだんからもやもやしてなんだかうまくいかないという人は、お湯につかって体を芯から温める習慣がありません。

なぜ、お湯につかるといいのか

なぜお湯につかったほうがいいのでしょうか。

みなさん、オーラという言葉はご存知ですよね。「芸能人オーラ」などという言葉もよく聞きます。あの人のオーラは大きいとか、オレンジ色だとかグリーンだとか、形が丸いだとか、「オーラが見える」という人も現れ、オーラ診断がブームになったこともありました。

オーラが見えるか見えないか。僕は見えません。みなさんはどうですか？　たいていの人は見えないのではないでしょうか。

では、見えないなら存在しないのか？　と言われれば、そうとも断言できません。

僕は、オーラが見えるとか見えないとか、色がどうだとかいうのは、はっきり言ってどうでもいいと思っています。でも、オーラは存在します。

中国、そして日本では、古くからそれを、「気」といって、実在するものとして認識してきました。

「気を使う」「気に入る」「気合を入れる」「気がつく」……誰でも毎日、何かしら「気」

を使って生きています。これを言い換えるとオーラです。「気」こそがオーラなのです。

僕たちは、家庭でも、職場でも、学校でも、通勤・通学しているときでも、また、何もしていないときでも、毎日「気」を使って生きています。

仲のいい人、悪い人。それは「気が合う」「気が合わない」の違いです。

買い物に行ったとき、目に入ったものが「気になる」。それを買って帰って、毎日眺めて暮らすうちに、だんだんとそれが「お気に入り」となる。

いつもスーツを着てびしっとネクタイをしめて仕事をしている人が、明日は楽な格好で来てくださいと言われてジャージで仕事をしたら、かえって疲れた。これは「気疲れ」。

お墓とか、廃墟になった病院、人が自殺した部屋などに行って、「さあ、今日からここで寝てください」と言われても、なかなか寝られない。それは何か理屈ではない、悪い「気」を感じてしまうからです。

今、大ブームになっているパワースポット。なぜみんなが行きたがるかといえば、そこに行って、よい「気」をもらいたいからです（まあ、実際はパワースポットといえない場所もいっぱいあるのですが）。

つまり、人でも、物でも、空間でも、すべてにおいて「気」が存在しています。そしてその中で生きる僕たちは、人や物、空間、すべてから、自覚はなくても、常に「気」の影響を受けていることになります。朝起きてから夜寝るまでを考えると、日々、膨大な量の「気」の影響を受けていることになります。

そうやって森羅万象《しんらばんしょう》、あらゆるものから日々、プラスでもマイナスでも、たくさんの気を受け取っていると、それがだんだん蓄積していきます。その溜め込んだ気を浄化するための方法が、1日1回、お風呂につかるということなのです。

体をきれいにするだけならシャワーでもいいのですが、シャワーは体の芯までは温めてくれません。体の奥深くまで入り込んだ気は、ゆっくりと体を芯まであたためて外に逃してやらなくてはいけません。そのために、10分はお湯につかることが必要なのです。

しかしじつは、お湯につかるだけではまだ足りません。

お風呂で温められた1日分の気は、夜、睡眠中に、ゆっくりと時間をかけて体から出て行くからです。体中の毛穴から、もわ～っとタバコの煙が出ている様子をイメージしてください。

朝、誰かが寝ていた部屋に入ったとき、むっとした空気を感じたことはありませんか？それは、体から出た気が部屋中に溜まっている状態です。目には見えないけれど、部屋の中は真っ白に霞《もや》がかかったように気が充満しています。

そこで、窓を開け、太陽の光を部屋に入れて、空気を入れ替える。それでようやく、気の浄化ができます。

幸せなお金持ちになる習慣の第2条「お風呂につかり、朝、窓を開ける」は、**気を浄化するための一連の行動**ということです。カーテンを開けて光を取り入れるのも大事です。太陽の光も、気を飛ばしてくれるからです。

こうして、昨日の気の影響をすっかり飛ばして、朝、ニュートラルな状態からまた1日を始められるのです。

お風呂につからないとどうなるか

では、これをしないとどうなるでしょう。

今、ひきこもりになって何年も外に出られないという人がたくさんいると言われます。そういう人たちは、締め切った部屋にいて、自分が出した気を浄化できずまた取り込んでしまい、しだいに元気がなくなっていきます。それが続くとうつ病などを発症する場合もあります。

お風呂に入らずシャワーだけというのは若い人に多いですが、そういう人は、病気にはならないまでも、なんとなく幸《さち》が薄い顔になっていきます。講演会で風呂につからない人を当てられるのも、幸が薄い人相になってしまっているからです。

余談ですが、寒くなると暖かい季節に比べてインフルエンザが流行しやすくなりますね。当たり前のように考えていますが、じつは、その原因は科学的に解明されていないと言われています。なぜなら、空気中のウイルスの量は、夏でも冬でも同じだからです。それなのになぜ寒い時期にインフルエンザが流行るのでしょう。寒さで体の抵抗力が落ちていることもあると思いますが、寒いので締め切った空間にいて、自分たちが出した気を浄化できていないことも原因ではないかと僕は思います。

気が病めば体が弱る。

体と気は常に一緒なのです。これが「気学」の考え方のひとつであり、昔の人は「病は気から」と言いました。この言葉の意味を、「気持ちが下がると病気になるから、自分で気持ちを奮《ふる》い立たせよう」という意味だと誤解している人が多いのですが、そうではなくて、真実は、**「気」の状態を常に正常に保つことが、人の体が丈夫でいられるための基礎**ですよ、ということなのです。

お風呂に入って、しっかりお湯につかり、朝は起きたら窓を開けて空気の入れ替えをする。運気や健康を下げないために、これを必ず行ってください。

プラスアルファの習慣

ここからは、第2条に関連したおまけです。

この頃何もかもうまくいかないとか、今やっていることが必ずうまくいってほしい！という強い希望があるときには、**3日間、毎日シーツと枕カバーを取り替える**ということをしてみてください。

布も空間も人の気を吸っています。流れがよくないと感じているときの気はたっぷりそのシーツに吸い込まれているので、それを3日間連続できれいに洗うと、その流れを変えることができます。

何事も、3日続けると、流れが変わります。たとえば、嫌いなものを1日3食、ちょっとずつでいいから食べ続けるのも、悪い流れを切り替えるのに効果があります。

以前、ある野球選手がスランプに陥ったとき、奥さんに、旦那さんにこれをするよう勧めたところ、その奥さんは旦那さんに3日間、酢の物を食べさせたそうです。そうしたら見事にサヨナラヒットを打ったと報告してくれました。ちなみに酢の物は勝負運を上げると言われていて、受験などでも、とんかつよりも酢の物を食べさせたほうがいいと言われます。おまじないレベルだとは思うのですが、実際効果があります。酢の物が苦手だったら梅干でもいいでしょう。

もうひとつおまけです。お風呂に入って体を洗うときは、スポンジやボディブラシよりも、手で洗うのがいちばんです。

「手当て」という言葉があります。意味は、怪我の治療や処置をすることです。でも僕たちは、お腹が痛いときなどに手でさすると実際に少し痛みが和らぐような感覚を持つことがあります。

痛いところに手を当てるのは、**手には「気」が集中していて、人を癒す力がある**からです。そこで、お風呂に入ったとき、自分の体を手で洗ってあげれば、1日活動した自分の体をいたわって、きちんと癒してあげることができるわけです。

ゴシゴシ洗わないと気持ちが悪いという人もいるのですが、皮膚科の医師に聞くと、湯船につかっているだけで汚れのほとんどは落ちるそうです。むしろボディソープや石鹸を使うと、必要な油分まで落としてしまうので、かえって肌を傷めやすいとも聞きます。

ただ、そうやって手で洗っていくと、体の中で一カ所だけは、なかなか手が届かないところがあります。背中です。そこで、夫婦やカップル限定になってしまいますが、パートナーに、手で背中を洗ってもらいましょう。とくに、**奥さんが旦那さんの背中を手で洗ってあげると、効果は抜群**です。旦那さんがうまくいっていないときも、だんだんうまくいくようになります。

あとで詳しく述べますが、男性の背中は運気を上げるためにとても重要な場所なので、そこを、気が集中している手で触ることで、すごく運気が上がるのです。

睡眠と日光浴のポイント

睡眠については、長く寝ればいいというわけではなくて、ピンポイントでねらってほしい時間帯があります。それが、夜の10時から深夜2時の時間帯です。これは、人間の魂が最も休まる時間帯です。医学的にも美容的にもこの時間帯にしっかりと睡眠をとることはよいと言われていますし、風水でもそう言われています。

僕が見るところでは、10時から2時の時間帯に睡眠がとりづらい人は、幸がなくなっていきます。水商売の女性にはそういう方が多くて、プロスポーツ選手にはそういった人相の方はほとんどいません。

ただ、現代の生活で10時に寝られる人は、なかなかいないと思います。それなら、週1

回でいいから10時に寝るようにしてください。魂の疲れが取れて気力が蘇ります。

もうひとつは、太陽の光に当たることです。しみや日焼けを気にされる方もいると思うので、真っ昼間の日に当たる必要はありませんが、朝日とか夕日に、日焼けしない程度に当たることは絶対に意識してほしいと思います。この習慣も顔に出ます。

第3条 「運」「動」をする

3つ目は運動をする、です。なんだ、そんなことかと思われるかもしれません。でも、あなたは、運動の意味をちゃんと考えたことはありますか？

質問です。

休みの日に1日家でゴロゴロしている人と、朝からゴルフやテニスに出かけて過ごす人。お金持ちのイメージはどちらですか？

この質問に対して、「ゴルフやテニスをする人」と答える人が大半です。しかし、それに対してこう言う人がいます。

「その人たちはお金も時間もあるから遊びにいけるんでしょう？」と。

はい、確かにお金はあるでしょう。でも、時間はないはずです。つまり、お金持ちになってお金も時間もあるからゴルフやテニスをしているのではなくて、そうなる前からやっていたのです。もともと、時間がなくてもお金がなくても、運動をする習慣があったので、お金持ちになってもそのままやっているのです。

運動について、僕はあるときこんなことにも気づきました。赤ちゃんができないとか、恋人ができないといった悩みで占いに来られる女性には「不幸体質」の人が多いです。そういう女性を見ていると、この人、どこかが惜しいな、と思う。あと一歩のところで止まってしまっている気がする。そういう人相があるのです。どこがそう感じさせるんだろう……と思いながら、帰宅してテレビでスポーツニュースを見ていたのですが、女性アスリートの中には、そういった不幸体質の顔をしている人がほとんどいませんでした。

アスリートとそうでない女性のいちばんの違いと言ったら、それはもちろん、運動しているかいないか、の違いです。「汗をかく」習慣があるかないかです。

汗をかくのは、「気抜き」と言ってとても大事なのですが、化粧が崩れるから、などの理由であまり体を動かさない女性も多い。でも、そのことが運気を滞らせている場合があります。

「運」を「動」かすためのやり方

運動というのは、文字どおり、**「運」を「動かす」**ためにするものです。体を動かすためにするのであれば、「体動」でよかったはずですから。

では、運動すればするほど運がよくなるかというと、そう単純ではなく、運を動かすための運動にはちょっとした要領があります。

ダイエットのための運動ではないですから、「毎日やらなくてはだめ」とか「いっぱいやらなくてはだめ」ということはありません。それに、プロスポーツ選手ではないですから、長く、激しい運動をする必要もありません。

では、どんなふうにしたらよいかというと、大事なポイントは、**朝7時から9時の間にやる**ということ。これだけです。この時間帯に30分ジョギングをするとか、散歩するくらいで十分です。

面白い統計があって、朝、30分以上歩いて登校していた子どもたちは、その後の人生で、年収や社会的地位といった面で成功している確率が高かったそうです。別の統計では、学校の近くに住んでいた子どもが将来離婚する確率は、遠くに住んでいた子どもより高かったそうです。公立の小中学校には校区がありますから、家の目の前が学校という子もいますし、ものすごく遠い子もいるでしょう。通うのはたいへんですが、30分かけて朝歩くということが、子どもたちの運勢に大きく影響してくるのです。

7時から9時の間にやるのはなぜ？

ではなぜ、朝7時から9時なのか。

朝の7時から9時は、昔の中国や日本で用いられた十二時辰《じゅうにじしん》（1日24時間を十二支に当てはめて2時間ごとに区切る）による時間の数え方で、「辰《たつ》」の時間帯にあたります。これは**「龍が巡る時間」**とも言われ、植物に朝、日の光が当たり、いっせいに呼吸を始める時間帯になります。つまり、1日のうちでもっとも新鮮な「気」が充満している時間帯なのです。

中国では、この朝一番のよい気を取り込むために、公園や広場に集まって太極拳とか気功を行います。まさに1日の「英気」を養えるわけです。

みなさんも、たまに朝早く起きて少し体操をしたり散歩をしたりして体を動かすと、気分がスカッとするのを味わったことがあるでしょう。それは「気のせい」だと思っていると思いますが、**「気のせい」にもちゃんと理由がある**のです。

この朝の気のパワーはすごいので、それを浴びずに過ごしていると、人でも植物でもだんだん生気がなくなってきます。とくに、昼夜逆転した生活を送っていると、幸が薄い顔になっていきます。

ですから、朝7時から9時の間であれば、きつい運動でなくても、とにかくなんでもいいから体を動かせばよいのです。

ただ、「やらなくては」という思いでやるよりも、「やりたい！」という気持ちでやるほうがなお効果的です。**楽しんでやることで、あなたの魅力が増す**からです。

なぜそうなるのか。学生時代のことを思い出してみてください。

決して好みの顔やタイプではないのに、部活を真剣に頑張っている姿を見たらなんだか気になってしまった……という異性がいませんでしたか？　反対に、顔はすごく好みなのに、文句を言いながらダラダラ走っている姿を見てがっかりしたことは？

文句を言いながらダラダラ走っている人を見て「ステキ！」とはなかなか思えないと思います。

では、さらに質問です。自分は今、どちらだと思いますか？　**やりたくてやっている人間か、やらされている人間か**。

今、テレビで人気のお笑い芸人や歌手の人たちも、ルックスだけでいえばそれほど優れた人ばかりではありません。でも、そんなことが気にならないくらい歌が大好きでうまかったり、一生懸命人を楽しませているから、あれだけの人気者になれるのです。**好きなことを思い切りやるということの威力**は、それだけすごいのです。

普通、人は、１日24時間、好きなことだけをして生活するわけにはいきません。けれど、せめて**自分が自由に使える時間は、好きなことを思い切りやったほうが、絶対に魅力が出てきます。**

楽しく、自然に体を動かすことができれば、運気がアップするだけでなく、魅力が増し、その効果はいろいろなことに波及して、物事がうまく回るようになります。

第4条　あいさつをする

4つ目。言葉です。**あなたが今しゃべっていることがそのままあなたの未来、あなたの運勢**です。

愚痴や文句を言えば、必ずどこかで愚痴や文句を言われている。人をほめれば、同じように、人からほめられ、評価される人間になります。

言葉の中でも、とくに重要なのはあいさつです。

「おはよう」「こんにちは」「こんばんは」「さようなら」「いってらっしゃい」「いってきます」「ただいま」……あいさつの言葉はたくさんあります。私たちはふだんそれらを、とくに意味を考えることもなく、当たり前のように言っています。

考えてみれば、意味がないなら、言う必要はないはずです。それなのに、世界中どこの社会でもあいさつはある。

それは、あいさつが人間社会を形作る基本であり、これがなければ社会とは言えないからです。あいさつはそれほど大事なのです。

熟年離婚する夫婦が失ったもの

僕の占いには若い女性の常連さんがたくさんいます。やっと彼氏ができたと報告しに来てくれた女の子がいたので、じゃあこんど連れておいでということになり、ふたりで一緒に来たことがありました。ところが、連れてきた彼氏は、僕が「こんにちは」と言っても「ああ」などと言ってちゃんとあいさつを返さない。

この場合、残念ながらふたりの関係は長続きしません。女の子が本当につき合おうかどうか迷っているようだったら、「よく考えてつき合ってね」とアドバイスします。僕の統計では、初対面の人間にあいさつができない男の場合、内弁慶だったり、ひどい場合は、ふたりきりになると暴力をふるったりするケースが多かったからです。

もうひとつ例をあげましょう。それは、熟年離婚です。熟年離婚の理由のナンバー１はなんだと思いますか？

60歳、70歳といった年齢の女性が、離婚したいと考えるもっとも大きな理由。答えは、「夫婦の会話がない」です。

なるほどと思いますね。ただ、僕の先生は、夫婦に会話なんていらないと言っていました。毎日毎日一緒にいて、何をそんなにしゃべることがあるの。問題は会話がなくなったことではない。それ以前に、ふたりの間で失ったものがあるはず。それがあいさつだ、と。会話がなくなったから夫婦の関係が壊れたのではなく、人間として当たり前の、あいさつをするという習慣、つまり、「おはよう」「ありがとう」「ごめんね」「おやすみなさい」。これらを言うことをやめてしまった。だから、夫婦としても当然、崩壊してしまったのだと言うのです。

世界中にあいさつが存在している意味がこれなのだそうです。言わなくてもわかる、というのがいちばん怖い。**あいさつを心がけておくだけでも、夫婦というのは最低限つながっていられるから大丈夫。あいさつがどれだけ重要なのか覚えておきなさい**、と先生は口をすっぱくして言っていました。熟年離婚の相談に来る女性の方たちの話を聞いて、先生が言っていたのは本当だったんだ、と思ったものです。

人がなぜこれほど複雑な言葉をしゃべるようになったかと言えば、言葉で言わないとわからないからです。夫婦であっても、親子であっても同じ。朝の「おはよう」に始まって、「いってらっしゃい」とか「ただいま」といったやりとりがないと、家族も、社会も、どんな人間関係も崩壊していくのです。

今、会社で上司とうまくいかないとか、部下が言うことをきかないといったことで悩んでいる人は、まずあいさつがうまくいっていないことが多いです。朝の一発目からコケて、その日1日うまく回らない。ですから、あいさつを変えるだけでも全然違ってきます。

あいさつが命を救う

あいさつが社会の基本であって、言葉が人生を作っていく。ですから、人生や運勢をよくしていきたいのなら、それらをきっちりとすることは基本です。ですが、それだけではなくて、僕は、ある衝撃的な出来事をきっかけに、違う角度からあいさつの重要性を知ることになりました。

それはまだ占いを始めたばかりの頃。19歳の女の子ふたりが占ってほしいとやってきました。SさんとFさんとしましょう。

占いをしていると、知りたくないことを知ってしまうことがときどきあります。このときがそうで、ふたりが入ってきた瞬間、気づいたことがありました。ふたりのうちSさんの顔に、死相が入っていたのです。

僕の先生は、あんたが本気で占いをしていくのなら、3つだけ、絶対に守らなくてはならない鉄則がある、と言っていました。

ひとつはその人の幸せを心から願うということ。ふたつ目は未来を当てようとしないこと。そして3つ目は、絶対に、嘘、偽りを言うな、ということです。

ところが3つ目にはただひとつ例外がある。それは、顔に死相を見つけたときは、言わなくていいということでした。なぜかというと、死相というのはごく近い未来を示しているので、顔に死相の入っている人は十中八九本当に死んでしまうからです。だから、それは伝えなくていい、このときだけは嘘を言っていいと言ったのです。

僕は、死相が入っている人は初めてだったので、動揺してなんて言ったらいいのかわからなくなってしまいました。嘘をつこうにも、嘘も出てこない。だって、Sさんがいちばん最初に聞いたことが何かと言ったら、「私、子どもを何人産みますか?」だったのです。でも、子どもの数どころか、結婚する相手も恋愛の相も何も出ていない。困り果ててFさんばかり見ていたら、なんで私のこと見てくれないんですか、と文句を言い始めました。ああ参った、どうしよう……。

そのとき、改めてSさんを見ると――僕は、占いをしているとときどき不思議な感覚があるんですが――Sさんの肩にオレンジ色のボールみたいなものが乗っかっている。お迎えが来るときにはこんなことがあるんだろうかと思ってふとＳさんのバッグに視線をうつすと、バッグにも同じような、オレンジがかった光が宿っていました。

そのうち、僕の態度に不審なものを感じたのか、Ｓさんが「何か悪いことでもあるんですか？」と僕を問い詰めてきました。そこで彼女の顔を見ると、なんだかさっきよりも死相が薄れているような気がする。それならもう言ってしまえ、と腹を決めて、「じつは、さっき顔に死相が入っていました」と言ってしまいました。

手相に入っている死相は何年か先のこと。でも顔に入る死相は数日中に起きる。だから、あ、と思ったけれど、今、それが薄れてきているから……とそこまで言ったら、Ｓさんがわんわん泣き出してしまいました。Ｆさんも泣いています。

そりゃあ、死相が出ているなんて言われたら誰だって怖いでしょう。しまった、言うなと言われていたのに言ってしまった、と思い、ごめんね、怖かったでしょう。でも薄れてきているよ、となだめると、いや違うんです、とふたりが事情を話し始めました。

「いってらっしゃい」はその人を守る言葉

ふたりの話によると、ふたりはその日、僕のお店に来るために店の近所で待ち合わせをしたそうです。その近くの交差点を、Sさんが、信号が赤だったのに渡ろうとしてしまった。本人は何か考え事をしていてそのことを覚えていない。気づいたときにはトラックが目の前に来ていた。

一方、Fさんは、Sさんがふら〜っと車道に出ようとするのを、100mくらい先から見ていたそうです。あわてて「危ない！」と叫んだけれど、声は届かない。前髪が触れるくらいトラックに接近した瞬間、Sさんは、肩をぐいっと誰かに引っ張られ、引き戻されて、すんでのところで助かったそうです。

Sさんは、そのときに自分の肩をぐっと引っ張る手を見たといいます。でもFさんは、いや、彼女の後ろには誰もいなかった、と言います。

「でも、確かにここを手でつかまれたんですよ」とSさんが言うその場所というのが、オレンジ色のボールみたいなのが乗っかっている肩でした。それで僕は、ああ、そんなことがあるのか、と思い、今日、朝からここに来るまでの経緯を聞いてみました。

Sさんは、とくに変わったことはなかったけど、そういえば、朝、お母さんとひどく喧嘩しました、と言いました。頭にきて、黙って出て行こうとしたらお母さんが追いかけてきて、「なんで黙って出ていくの?」と声をかけた。そこで、はっと思い出したのがお父さんのことだったそうです。

Sさんのお父さんは漁師でした。朝早く出て行くお父さんに、お母さんは毎朝「いってらっしゃい」と声をかけて見送っていたそうです。ところがある日熱を出して、見送りができなかった。そしてその日に、お父さんは海の事故で亡くなってしまったのだそうです。未だに仏壇の前で、あの日私がひと言声をかけていたらこの人は死ななかったかもしれないと泣くお母さんの姿を思い出したSさんは、そうだった、ごめん、いってきます、と言って家を出ようとしました。そうしたらお母さんは、「気をつけてね。いってらっしゃい」と言って送り出してくれたそうです。

喧嘩してどれだけ頭に血が上っていようが、お母さんは絶対これだけは言ってくれます、とSさんが話すのを聞いて、ひらめきました。

「このバッグ、お母さんのバッグじゃないですか？」

はたしてそのバッグは、Sさんのお母さんのお下がりのバッグでした。

バッグに乗っていたのは、言霊《ことだま》だったのです。気をつけてね、いってらっしゃいというお母さんの言霊が乗っかっていて、トラックにぶつかる瞬間にSさんの肩を引っ張ったのです。

先生は言っていました。

出て行く人に向かって言う「気をつけてね」「いってらっしゃい」という言葉は、その人を1日守り続ける言霊だと。

そして、帰ってくる人に対して「おかえりなさい」「ただいま」と言うのは、外から持ち帰ってくる厄を祓い退ける意味があるのだと。この言葉のやりとりを失えば、家族も友人も成立しない。だからこそ親しい仲にも礼儀が必要であり、それがあいさつだ、と言ったのです。

Sさんは今、3児の母となり、子どもを連れて遊びに来たりします。あのときあの一瞬、あのお母さんの言葉がなかったら、結婚して子どもを持つどころか今この世に存在さえしていなかったはずです。あのひと言がこれほどこの人の人生に影響したのだと思うと、あいさつ、言葉の持つ力はどれほどすごいのだろうと思います。

その後、僕が死相に気づいた人は何人かいますが、みんな亡くなっています。ニュースで知ることもありましたし、一緒に来た友達や知り合いの人から、あの人亡くなったんだよと聞くこともありました。

死相に気づいて、死ななかったのはSさんだけです。死相を超えるほどの力が、お母さんのあいさつにあったということですし、それはつまり、母親がSさんを愛している気持ちそのものです。その気持ちが言葉になり、声になり、言霊となってSさんを守ったのです。

人間というのはあいさつを失ったら存在しないというのは、こういうことです。

言葉ひとつの力と思えば、やはりあいさつを大切にしたいものです。それだけで、人の生死までも変わってくるのです。

第5条　トイレ掃除をする

5つ目はトイレ掃除です。

僕自身の話で恐縮ですが、昔、僕は、本職はトイレ掃除じゃないかというくらい、トイレ掃除ばかりしていた時期がありました。それには、こんないきさつがありました。

先生と話していて、あんた、将来どうなりたい？　という話になり、僕はその頃、まだサラリーマンで親の事業の借金も発覚する前だったので、漠然と、「将来は起業して自分の店を持って、お金持ちになりたいです」と答えました。すると先生は言いました。

「よし。これから3年間、毎日トイレ掃除をしなさい。そして3年後にあんたが店を持っていなかったら、私があんたのお店を建ててあげるよ」

当時、僕は給料すべてをサーフィンなどにつぎ込んでいましたから、無一文です。起業のあてなんて影も形もありませんでした。ですから、何を根拠に言ってるんだ、このばあちゃんは、と思いながら、

「言いましたね。俺、ほんとにやりますよ」と答えました。先生は言いました。

「そう。その代わり、家はもちろんのこと、会社だろうと、たまたま立ち寄ったお店だろうと、汚いと思ったら徹底的に掃除するんだよ」

「おお、やるよ」。

やり方も指示されました。最後はトイレのフタはしめなさい。そしてトイレットペーパーは三角折りにして出てきなさい、と言われたのです。へぇー、まあ、損するわけじゃないからやってみるかと。

その日から僕は、自宅は言うまでもなく、会社、飲み屋、通りすがりのコンビニまで、徹底的にトイレ掃除をするようになりました。そしてそれから7ヵ月後――今の店のオーナーになっていたのです。

先生とこの話をしたときは東京でサラリーマンとして順調でしたから、まさか退職してカラオケ店のオーナーになるなんて、自分でも予想外のことでした。

先生との約束は3年だったので、九州に帰って店のオーナーになってからもトイレ掃除は続けました。その間に、何十年もかかると言われていた借金も3年で返し、店は軌道に乗りました。

そうなった頃、思い出したように、東京の先生から電話がかかってきたのです。

「あんた、3年間トイレ掃除して店が建たなかったらあたしが建ててやるって言ったけど、必要？」

「いらんよ、先生。何かほしいものがあるんだったら、俺、なんでも買ってあげるよ」と、その電話で言ったのを覚えています。

家にやってくる7人の神様

以上が僕の、トイレ掃除にまつわるストーリーです。こんなことがあったので、占いのお客さんの中で最近仕事がうまくいかないと言っている人たちには、トイレ掃除をしっかりとやってくださいと言っています。それだけでよくなったという人がたくさんいます。

なんでトイレ掃除なのか。先生はこう言っていました。

新しい建物ができたら、そこには7人の神様がやってくる。その7人の神様のことを日本では七福神と言う。7人の神様たちはバラバラにやってきて、いちばん最初の神様は手ぶらで来る。何にも持たずに突っ走ってくるから早いのだそうです。2番目の神様はせっかく新しい家族が住むのだから何か持っていってやろうと、手に何か持っている。3番目の神様はそれがもっと大きくなる。4番目はさらに大きく……とどんどん大きくなり、7

番目の神様がいちばん大きなものを持っている。手に持っているのは何かといったら、「幸福」なんだそうです。

神様達は、その家に着いた順に好きなところをとる。最初にとるのは、リビング。リビングはいちばん人気です。

２番目に来た神様は寝室。３番目にきた神様が台所……と順番にとっていき、最後に残るのがトイレ。いちばん大きな幸福を持っている７番目の神様がトイレをとるので、トイレを大事にするといいのだそうです。「残り物には福があるっていう言葉はこのことから来ているんだよ」と先生は言っていました。

トイレに入る神様がいちばん人間思いで大量の幸福を持っている。この神様を味方につける人間は絶対成功する。だからトイレ掃除をしなさいということだったのです。大きな幸福を持つ神様がリビングに入ったならリビングだったのでしょうが、たまたまトイレになってしまったからトイレ掃除。これはもうしかたないと言っていました。

トイレの神様の大きさは、けっこう小さいんだそうです。小さな猫くらいの、両手に収まる大きさ。しかもこの神様は七福神の中で唯一目が見えない。だから、トイレのフタを開けていると落ちてしまう。ポトンと落ちたら間違って流してしまうから、フタは閉めておかないといけないよ、トイレットペーパーも、三角折りにする理由は、次の人が取りやすいようにではなく、トイレをきれいに使っている合図として神様に触って確認してもらうためだよと……。

20代でそれを聞いたときは、正直、おばあちゃんの世迷いごとだろうと思いましたが、実際に先生の言ったとおりになりましたし、僕が今まで見てきたお金持ち、それも、ただのお金持ちではなくて幸せなお金持ちはみなトイレ掃除を大切にしていましたから、これは間違いないだろうと思うようになったのです。

トイレに入る7番目の神様は弁財天だという人もいます。弁財天は財を司る神様ですから、やはり、財とかお金に関するあらゆる願いを叶えてくれるのだと思います。

うつの治療でも行なわれているトイレ掃除

僕の知り合いの心理カウンセラーは、軽いうつで悩んでいる人達には登山をさせると言っていました。登山をさせて、山の途中にあるトイレを、道具を一切使わせずに、手で掃除させるのだそうです。

もちろん最初はみんな抵抗しますし、もう泣きながらやる人もいるそうです。ところが、それをやった翌週から来なくなる。さすがにいやになったのかと思うとその反対で、元気になって社会復帰しているというのです。

汚い公衆トイレを手で洗った。そんな、普通、人ができないことが自分にできたんだと、自信になるらしい。その自信によって立ち直っていく人がすごく多いのだということでした。

そのカウンセラーも言っていました。トイレの神様のおかげだと。軽い問題なら、トイレ掃除だけで全部片付く。めんどうくさくても、飽きても、必死になって日常化すると、当たり前になってくる。

僕は、3年続けると言ってトイレ掃除をやっていた頃、通りすがりのコンビニのトイレを掃除していて騒ぎになったこともあります。

夜、コンビニのトイレに入ったら誰かが吐いたあとがあって、あまりにも汚かった。うわ、と一瞬ひるみましたが、これは神様が俺のことを待っていたんだろう、任せて神様！と思い、ガチャンと鍵を閉めて、一気に掃除をしたのです。ピカピカにして、よしやった！　とドアを開けると、そこに警官がいた（笑）。トイレに入ってなかなか出てこないし、中で何やらガチャガチャやっているので、不審に思った店員が通報したのです。

それで、いや、トイレがめっちゃ汚かったんで一生懸命掃除したんですよ。ほら見てください、と言ったら、お巡りさんもほんとだ、でも普通従業員に言うでしょ、と笑っていました。

今ではさすがに、このトイレは相当汚そうだと思ったら入らないようにしていますが(笑)、それでも入ったところが汚かったら掃除をしています。

水のあるところに注意

考えてみれば、トイレというのは、家の中で唯一、常に水が溜まっているところです。水回りというと台所やお風呂もそうですが、それらの水はたいてい流れていって、ずーっと溜まっていることはありません。一方トイレは、今の水洗トイレもそうですが、昔の「ぼっとん便所」も、常に水分がたまっているところでした。

水というのは怖いもので、風水的にいうとトイレには窓がなくてはだめですし、家相で言っても、鬼門にトイレがあるのはだめだと言われています。とくに、男性よりも体に水分を多く溜める女性が、水の影響を受けやすいと言われています。水は1日で腐るとされているので、それが体に影響すると考えられているのです。

そうは言っても、マンションのトイレにはあまり窓はついていないものですし、家を建ててから、しまった、トイレが鬼門にあった！　と気づいてもそう簡単に場所を変えるわけにもいきません。

でも、問題はありません。水をきれいに保ってさえいれば大丈夫なのです。きれいに保つ習慣があれば悪いことは起こりません。トイレ掃除が基本だというのは、こういうことからも言えることなのです。

トイレ掃除というのは奇跡を起こすと、僕は思っています。本当に、トイレ掃除をしただけで、俺ここまで変わったよというお客さんがいっぱいいます。だから、分厚いビジネス書を何冊も読まなくても、トイレ掃除だけしておけばいいんじゃないかと思うくらいです。

トイレ掃除は福を呼ぶということで一時とても流行りました。でも何年もやり続けている人はそういないのではないでしょうか。

トイレを掃除することで起こる奇跡は、実際にやった人だけが口にします。だから、だまされたと思ってやってみてください。やったからといって、何も損するわけでもないのですから。

ちなみに、家の中のトイレでしたら、掃除をするのは、旦那さんがいちばんいいでしょう。もちろん奥さんでも子どもでもいいのですが、旦那さんにやってもらうのが効果がいちばん高いです。

というのは、トイレの神様はお金とものすごく縁の深い神さまですから、お金をその家に直接運んでくるポジションにいる人がトイレ掃除をすれば金運や仕事運がアップし、その家にたくさんのお金が運ばれてくるからです。

奥さんは、「ほかはどこもしなくていいから、トイレだけはあなたが掃除して」と言ってやってもらうといいのではないかと思います。

僕は、娘にも、夜寝るときにお話をするように、トイレの神様のことを話しています。トイレを汚すと神様が悲しむよ、だからきれいにしておこうね、と。これで僕のうちの運勢は安泰です（笑）。

第６条　お墓参りをする

とうとう最後の項目になりました。

ここまで５つの項目について話をしてきましたが、これからお話しする６つ目がいちばん大事かもしれません。それほど、これをやるのとやらないのでは大違いになってしまう、ある意味怖い項目です。

去年、僕のところには約５００人の離婚相談の方が来られました。夫婦のうち奥さんが来られることが多いですが、旦那さんが来られる場合もあります。この人たちに話を聞いていくと、大きな共通点があります。それが、奥さんの場合は旦那さん方の、旦那さんの場合は奥さん方の、**お墓参りに行く習慣がない**ことです。確率でいうと相談者の中のじつに95％の人が、両家のお墓参りを行なっていません。

なぜ相手のお墓参りに行かない夫婦の離婚率が高いのか。

反対に言うと、**なぜお墓参りに行かなくてはならないのか**、これが重要になります。

お盆とお彼岸

僕の先生たちは、みんな、長いこと占いをやっているおばあちゃんたちでした。その人たちが口をそろえて、**「先祖供養なくして、生きている人間の幸せはない」**と言っていました。

先生たちに教わっている頃、僕は今よりも若かったですから、それを聞いても、年寄りの迷信だろうくらいにしか思っていませんでした。それであるとき、「お墓参りって、ただ亡くなった人の墓石の前で手を合わせることでしょう。それがそんなに重要なの？」と口に出して聞いたことがありました。そうしたら先生たちは口々に「重要に決まってる」と言うのです。

日本では、「この日はみんなお墓参りに行きましょう」という期間が決まっています。皆さんよくご存知の、お盆とお彼岸（春と秋）です。1年のうちこの期間はご先祖様に会いに行きましょうと言われているのですが、昔、先生たちとテレビを見ているときに、ちょうど、お盆休みで賑わう成田空港の様子が映し出されたことがありました。

どちらに行かれるんですか？　とリポーターにマイクを差し出された親子やカップルが「ハワイです」「ヨーロッパです」と嬉しそうに答えている。それを見て先生が言ったのが、「この国はもう終わっている」。

「え、なんで？　せっかく長い休みなんだからどこかに行くのって普通でしょう」と言うと、

「お盆というのは家族が集まって、親戚一同でお酒を酌み交わしながら、ご先祖様と一緒に過ごす日だ。そういう日にもかかわらず、自分たちが休みだからといって海外に行くなんてこと自体が、おかしいんだよ」と言いました。

そして、「こういうことをしていると国がどんどん衰退していく」と言ったのです。

その言葉を改めて思い返してみると、安泰だと思われていた大企業がつぶれたり、海外の企業に追い抜かれたりと、今の日本はかつて経済大国と言われた頃とはすっかり様変わりしてしまいました。

そして経済よりも何よりも、子どもが生まれないことが大問題だと先生は言っていました。

出生率はピーク時の半分以下。子どもの数がどんどん減り、高齢者だけが増えて人口バランスがものすごくいびつになっています。離婚率も40年前と比べて2倍ですし、不妊で

悩む人は200万人と言われています。原因はいろいろとあるんでしょうけれど、かつてに比べ、国が衰退しているのは間違いないと思います。

日本を離れ世界を見渡してみると、亡くなった人のためにお墓を建て、定期的に供養する習慣のある国は、安定している国が多いようです。しかし、先祖を大切に祀っていく習慣のない国は、政情が不安定で、内戦や紛争、経済的な危機に悩まされ続けている国がとても多いです。

また、僕の周りに目を転じてみれば、会社がとてもうまく回っていて、自分自身も家族も幸せだと言っている何百人という社長さんたちは、やはりお墓参りに行く習慣を持っている方が圧倒的に多いです。

うなされている子どもを腕に抱いて思ったこと

とは言うものの、僕の中で、お墓参りが大事だという話は、若い頃はまだ実感として信じきれていない部分がありました。それが、お客さんにお墓参りのアドバイスをするようになり、その人たちが「こんなに変わりました」と報告してくれるにつけ、ああ、人はお墓参りでこんなにも変わっていけるのかというのがだんだんとわかってきました。それで

90％くらいは信じるようになったのですが、それでも、先祖は目に見えるわけではないので、残り10％はまだ疑っている気持ちがあったのです。それが最終的に１００％納得できるようになったのは、自分に起こったことがきっかけでした。

2年ほど前のことです。僕の子どもが夜中に熱を出し、一晩中うなされて苦しんだことがありました。救急病院に連れて行っても薬を飲んでも、熱が下がるまでただ待つことしかできない。僕がどれだけ風水を知っていようが気を知っていようが、この子の苦しさを取り除いてやることはできない。

人間って、追い込まれたときは拝むしかないんですね。そのとき、僕は、汗をだらだら流して苦しむ子どもを一晩中抱っこしながら、天井を見上げて、「神様、自分はどうなってもいいから、子どもを元気にしてください」と拝んでいたのです。

その時にふと、ああそうか、と、思いました。たぶん、うちの母も、その母を育てたおばあちゃんも、そのまたお母さんも、そういう思いで子どもを育ててきたはずです。そのつながってきた思いのいちばん先っぽに、今、僕や娘がいる。

もし、今ここで僕が死んでこの世からいなくなったとしても、我が子を守りたいというこの強い思いは、きっと子どものそばに残り続ける。それどころかもう、呪ってやるぐらいの勢いで（笑）娘と妻のそばに残り続けると思います。それが代々ずーっとつながってきているのです。その思いこそが、「先祖」なんだろうなと思ったのです。

先祖の思いの結晶、それが「愛」なのだと思います。

少し話がそれますが、離婚の相談に来る人には、3つの大きな共通点があります。

ひとつは、すでにお話ししたように、明るい色の服を着ていないこと。ふたつ目は、お墓参りの習慣がないこと、3つ目は、「『好き』と『愛』の違いはなんですか？」と聞いたときに、明確な答えを持っていないことです。ほぼ100％の人が、この問いに答えられません。

ご主人と結婚するとき、愛を誓いましたよね？　では愛って何ですか？　と聞いても答えられない。愛の意味を知らずに愛を誓っているのだから問題が起こってくるのです。

「好き」と「愛」の違いは何でしょう。あなたは、答えられますか？

答えを言います。

あなたが今日食べたお昼のお弁当が、大好物のとんかつ弁当で、とても美味しかったとしましょう。そのお弁当は「好き」ですよね。では、今日から死ぬまでずっと、毎日3食そのとんかつ弁当を食べてください、と言われたらどうでしょう？　食べられますか？

食べられないと思います。なぜなら、飽きてしまうからです。これが、「好き」ということです。「好き」は飽きるのです。

「好き」で結婚した人は、これと同じことが相手に対して起こります。しかし、「愛」は飽きません。毎日毎日白いごはんを食べるように、愛は飽きることなく、死ぬまで続くものです。これが「好き」と「愛」の違いです。

「愛」という漢字を書いてみてください。昔の人って本当にすごいな、と僕はいつも思うのですが、「愛」という字を改めて書いてみると、印象に残る部分があると思います。

そうです、「心」という字が入っています。では、この「愛」という字から、「心」を抜いてみましょう。

どうなりますか？　「受」という字になりますね。

つまり、「愛」という字は、「心を受け入れる」という字なのです。

「心」って私たちの体のどこにあるでしょう。

お金のことを考えるとき、私たちは「頭が痛い」と表現します。でも、大切な人のことを思うときは、「胸が痛い」と言います。自分が持っている心に、第三者の心を受け入れるのが「愛」です。それは痛みを伴うことですし、しかも、それに対してなんの代償も求めないということでもあります。

身近にある愛で言えば、親が僕たちに向けてくれた感情こそが愛ですし、僕が子どもに対して持っている感情も愛です。

それはすなわち、僕が「僕はどうなってもいいから娘を助けてください」と思わず祈ったように、その人のために自分が傷つくリスクを厭《いと》わないことだし、実際に傷を負ったとしても、その代償を求めないことだと思います。僕はそれを、子どもを持って初めて実感しました。

その思いが、世代を超えてずっと受け継がれていくものだと気付いたとき、僕はお墓参りの重要性が１００％腑に落ちました。

あなたが今存在しているのが、あなたを今守ってくれているのが、先祖から受け継がれてきた愛のおかげだとすれば、1年にたった2回か3回、お墓に行ってご先祖様たちにあいさつをするくらいのことがなぜできないのか。**せっかく大きな愛がそこにはある**のに、それに対して感謝しなくてよいのでしょうか。

ですから、ぜひ、お盆やお彼岸にはお墓参りをしてください、と僕は声を大にして言いたいですし、そういったことを考えると、お墓参り――つまり、ご先祖様に感謝する気持ちを忘れないということが、今の幸せや繁栄につながるということは、偶然ではないと思うのです。

お墓参りの３つのルール

実際にお墓参りに行くときは、次のことに注意してください。

①午前中に行く。

「運動をする」のところで触れましたが、「辰刻」という意味でも、神社やお寺に行くのは午前中がいいとされています。昼過ぎには行くなと言っているのではないのですが、昼過ぎの、３時４時といった時間帯は「逢魔時《おうまがとき》」と言ってマイナスの力が働く時間帯ですので、その時間帯にはあまり神仏の類には近寄らないほうがいいでしょう。**生きている人間が行くのは、基本的に午前中**をおすすめします。ただ、お盆の期間中は昼過ぎに行っても大丈夫です。

お墓にいる時間は、線香１本が燃え尽きる時間が目安。時間がないときは、線香を半分に折って２本にして焚いてもいいとされています。

②ひとりで行かない。

これは迷信かもしれませんが、お墓というのは、どのお墓も親族がお参りしてくれるわけではなく、誰も来てくれずに雑に扱われているものもあります。そうすると、そのお墓のご先祖様が、「あそこはしょっちゅう子どもたちが来て、掃除をしてくれるけど、俺のところには誰も来ない。ああやって手を合わせてくれるんだったら、俺もあっちについて行こうか」とひとりで行った人についてきてしまう、と、昔、先生に教わりました。ひとりでお墓に行って急に具合が悪くなったりすることがあるのは、そういう理由なのだそうです。

ふたり以上で行けば大丈夫。ついて来ないそうです。もしどうしてもひとりで行かなくてはいけない場合は、お墓参りが終わった後、後ろを振り返らないようにしてください。

また、無縁仏やよそのお墓には絶対に手を合わせてはいけません。自分のご先祖様と同じようにそのお墓の面倒を見る覚悟があれば別ですが、そうでなければかわいそうなどと同情しないでください。他人に同情するよりも、自分のご先祖様にもっと心を寄せましょう。

③墓石に水をかけない。

僕自身がこれをして「絶対にやめなさい」と先生たちにこっぴどく叱られました。

墓石自体がご先祖様で、そこに座っているものなのだと。だから、水をかけるのは「じいちゃん、ばあちゃん、久しぶり」と言って頭から水をかけるのと同じことなのだそうです。墓石の掃除は、濡れたタオルを持っていって、それで拭いてやるとよいでしょう。

父方のお墓が最優先

さて、こうやって実際にお墓参りをすると、人生が劇的に変わります。僕の知る限り、８割以上の方にいいことが起こっていますが、最近になってより詳しいことがわかってきました。

一口にお墓参りと言っても、ひとつの家には先祖のお墓が４つあるはずです。まず、旦那さんのお父さん方のお墓、そしてお母さん方のお墓。そして奥さんのお父さん方のお墓、お母さん方のお墓の合計４つです。

どれも大事なのですが、この中でいちばん大事で、最優先にしてほしいのが、旦那さんのお父さん方のお墓。つまり、男性の直系です。次に重要なのが、奥さんのお父さん方のお墓になります。

年間約2000人という人たちを占いで見ていくと、ときどき、「これは手に負えないな」と思うケースに当たることがあります。たとえば、こんな女性がいました。

最初は、旦那さんの会社がつぶれそうという相談でした。それくらいならよくある話だと思って聞いていたのですが、よく聞くと、子どもが4人いるのだけれど、4人のうちのふたり、長男と次男が警察に捕まっている。3番目の娘は高校2年生で脳溢血で倒れ、植物人間状態。そしていちばん下の中三の息子は行方不明。6人家族だけど、毎日ひとりでご飯を食べてます、と言うのです。

もう、占いでどうにかできるレベルではありません。運勢を見ても手相を見てもひどいもので、お手上げです。それでも、すがるように必死の思いで訪ねて来られているのだから、僕も何かしてあげたいと思いました。

ご多分にもれず、こうした方々の大半はお墓参りに行く習慣がありません。そこで、何はともあれ、旦那さんのお父さん方のお墓参りに行ってくださいと伝えました。ところが、お墓がどこにあるのかもわからなかったのです。

それでこの方はどうしたかというと、興信所に依頼して何百万円もお金を使って、旦那さんの直系方のお墓を探し出し、お参りをきちんとするようになりました。

そうしたら、旦那さんの会社は持ち直しましたし、上のふたりの子は保護観察で帰ってきて、3番目の女の子は意識を取り戻し、いちばん下の子も帰ってきたのです。

これだけで終わりませんでした。その後に家を売って、できた現金をもとにご先祖のお墓をきれいに作り変えたとたん、年末ジャンボ宝くじで1億円当てました。ウソみたいですが、本当の話です。僕もびっくりしました。

子どもができない人は、男性の直系をたどってお墓参りする

子どもができないと悩んでいる人は、男性の直系がブレていることが多いです。ブレるというのは、ご先祖がどこかで婿養子に入ったりして、男性の姓が変わっているような場合です。男の直系がブレると、そこから3代4代で子どもさえ消えていくということです。

おじいちゃんくらいまでは知っていても、その前まではなかなかわからないという人が多いと思いますが、一度さかのぼってルーツを調べてみてください。そしてもしも、ご先祖の男性の姓が途中で変わっていたら――たとえば、ご主人が山田さんで、おじいちゃんも山田さんだけれど、ひいおじいちゃんは田中だったのなら、田中の家のほうのお墓参りに一度行ってみてください。

このアドバイスをすると「そんなことで？」とよく言われるのですが、これで子どもが

できたという人がいっぱいいます。事実です。理由は僕にもよくわかりません。

家を建てるとき

家を建てる際に、時期、方角、家相などについて相談に来られる方もたくさんいます。もちろんそれらがいいに越したことはないですから、僕も、建てる前にいろいろとアドバイスします。

中でもいちばん怖いのが時期で、運勢が停滞する時期には、昔から、「家を建ててはいけない」「大きな買い物をしてはいけない」と言われています。もしその方がそういった時期に入っていたら、「来年まで待ってください」「あと2年待ってください」などとアドバイスします。

ところが、「いや、今、仕事が順調だから」「ちょうどいい土地が見つかったから」と、僕が止めるのも聞かず、家を建てた方たちが、この4年間で8組いました。そのうちの7組が、残念ながらご主人が亡くなられてしまいました。いちばん若い人は29歳。いちばん年が上の人は37歳でした。

運のいい時期悪い時期についてはそれだけで1冊になるくらいなので本書では詳しくは

述べませんが、運のいい時期も悪い時期も、それぞれに適切な過ごし方があるのです。

ところが、たまに、そういうことをまったく気にせずに建てて、「このうちは最悪だな」と思うような、方角も家相も時期も間取りも、何もかも悪い家になり、十中八九何かあるだろうと心配していたのに、なぜか何もない、という家があります。むしろ、その後とても繁栄した、という人を僕は何人か知っているのですが、その人たちは全員が、実家の両親を心配して地元に戻り、家やお墓をそのままにしておきたくないからと、方角や時期が悪いと言われても、帰って家を建てた人たちです。その人たちは何事もなかったのです。子どもは生まれて繁栄するし、仕事もうまくいっていました。

つまり、占いという形で何千年の統計の結果出てきた運勢を丸ごと無視できるくらい、**ご先祖様が守ってくれる力というのは強い**のではないかと思うのです。

本当に恐ろしい家づくりとは

じつは、家を建てるときに、これだけはやってはいけない、本当に恐ろしい家づくりというものがあります。

それは、お寺やお墓、神社などを見下ろす位置に家を建てることです。都会でしたらマンションで高いところに住むのはしかたない面もあるのですが、神仏を見下ろすようになると、人の運勢は必ず下がると言われています。また、風水では、人は土から離れると子孫繁栄の気を失うとも言われ、実際に日本の人口はどんどん減っています。

日本には、ひとつの集落の半径8キロ以内には必ず神社がひとつはあるそうです。みなさんの家の近くにも氏神さまの神社があると思いますが、その多くは、長い石段を登ったところなど、高い場所にあるのではないでしょうか。それは、高いところから神様に見守ってもらえるように、という意味です。

神仏が高い位置にあり、自分たちの家はそれよりも低い場所にあって、家から一歩外に出るとその場所が見え、「あそこにうちの氏神さまがいるよ」「あの山のお寺にうちのお墓があって、おじいちゃんおばあちゃんがいつも見守ってくれているんだよ」と子どもたちに話しているような家は、安定して、繁栄しています。

九州の僕の地元では、昔から栄えている大きな地主さんがいっぱいいますが、そういう人たちは家が立派なだけではなくて、家の裏山などを切り拓いて手入れし、そこにお墓を建てたりしています。なるほど、これだけ立派な家が建っているのは、そういうことがあるからなんだな、と思います。

私事になりますが、僕は先生から、

「あんたはなんの取り柄もないけど、常におじいちゃんおばあちゃんに見守られている場所で仕事をしているから、必ず借金を返せるよ」と言われたことがありました。

そのときはウソつけ、なんて心の中で思っていましたが、確かに、今の僕の事務所の扉をがらっとあけると、目の前の山にうちのお墓が見えるのです。気が遠くなるような借金を3年で返せたのも、今考えると、そのおかげもあったのかなあと思います。

お墓参りについて、大事なことなのでかなり長くなってしまいました。

これを読んで、久しぶりにご先祖様にあいさつに行ってみるかと思ってもらえればうれしいです。

日本では結婚するとき、必ず両家の両親にあいさつしに行きますが、お墓参りはあれと同じだと思ってください。心配して、守ってくれている両家のご先祖様に、「こういう人と結婚することになりました」とあいさつしにいくのです。

お彼岸やお盆のときでなくてもかまいません。「この子が春から小学校に上がるよ」とか、「就職が決まったよ」とか、「みんな元気だよ」だけでもいいのです。近況の報告に行くと思ってもらえれば十分です。

それだけで、ご先祖様があなたを守ってくれるのです。

6か条のまとめ

いかがでしょうか。
幸せと成功を手にしている人たちがやっている習慣を、6つ紹介しました。
おさらいすると、

1　明るい色の服を着る（女性のみ）。男性は、パートナーの女性に明るい色の服を着てもらう。
2　夜、お風呂につかり、朝、窓を開ける。
3　「運」「動」をする。
4　あいさつをする。
5　トイレ掃除をする。
6　お墓参りをする。

以上です。見てもらえばわかるように、お金がかかるようなものはひとつもありません。全部、日常生活の中でできることです。パワースポットめぐりとか、開運グッズを買ったりといったことも一切ありません。

なぜかお金がかからないアドバイスをしてもみなさんしないのですが、お金がかかるアドバイスをすると一生懸命しようとする。人の心は、お金を使った分だけ何かが返ってくるんじゃなかろうかと思ってしまうものなのかもしれません。

僕は、占いに来てくれる方や、講演会に来てくれるお客さんにいつも言っているのですが、**お金を使って物を買うことで運がよくなることはありません**。風水でいいとされている置物を置いたら運がよくなった、なんて言っている人は風水師くらいのものです。そんなことで人の運勢は変わりません。

なぜそういうかというと、今まで会ってきた何百人という、幸せなお金持ちの人たちに、幸運の石や壺を買って運がよくなったという人がひとりもいないからです。百万円の水晶玉を持っている人もいません。

でも、その人たちはこの6か条のことをやっている人がほとんどでした。

これは偶然でしょうか？　そうではないと思います。

ここにあげた6か条は、最低限です。本当は20か条くらいあるのですが、最低でもまずこの6つをやっていけば、必ず運は上がり、人生に変化がやってきます。

開運というと、すぐにお金を出して安易に手に入れようと考える人が多いようですが、本当の開運は、時間をかけてコツコツ作り上げていくものです。

手間はかかりますが、お金は一切かかりません！

ですからぜひ、コツコツやってみてください。

第2章

幸せなお金持ちの共通点

お金持ちになる人は、目に見えないバッグを持っている

あなたは今、成功して幸せなお金持ちになったと考えてみてください。

そのとき、あなたが持っている財布は、どんな財布でしょうか？　長財布か、折り畳みの財布か、それともがま口か。素材は何でできていますか？　ビニールでしょうか？　布でしょうか？　革でしょうか？

そしてその財布を開けたときに、財布の中はきれいに整頓されていますか？　それともポイントカードやレシートがぎっしりつまっていてパンパンになっていますか？

あなたはおそらく、「革製の長財布で、ポイントカードやレシートは入っていない」と答えると思います。

でもじつは、この質問に対して答えはありません。この質問のポイントはひとつ。

あなたが今持っている財布が、自分の思うお金持ちの財布と同じかどうか、です。

あなたの答えとかけ離れた財布が今かばんのなかに入っているようであれば、運がよかろうが悪かろうが、お金持ちにはなれないでしょう。なぜでしょうか。

あなたが想像したお金持ちのセレブが、ポイントカードやレシートが入っていない革の長財布を使っていたとします。では、その財布をいつから使っていたのか。

セレブになったからとあわててデパートに走って行き、その財布を買ったのではないでしょう。彼らはセレブになる前からすでにそういった財布を使っていたのです。

多くの人は「幸せになりたい」「お金持ちになりたい」とよく言います。そして実際に成功した人を見ると「羨ましい」と言います。

しかし一歩でもそれに近づこうとする努力をまったくしません。なので、そうなってはいきません。そうなる人は、「なる前からなって」います。

あなたが最初にお金持ちの自分をイメージしたとおりの財布を今、持っているならば、成功者としての未来は必ず近づいてきます。ここで大事なのは、あくまでも形と素材と中身、つまりその財布の〝状態〟であって、財布のブランドは関係ありません。「お金持ちはエルメスやシャネルを持っているけれど、今は持っていない」ということは気にしなくて結構です。

ハワイに行ける人、行けない人

恋愛、仕事、お金……成功するためには、どれも同じポイントがあります。

それは、「転機とチャンスをつかめるかどうか」ということです。


「転機」と「チャンス」。似た言葉ですが、意味が違います。

「転機」とは、ただそれを待っているだけの人にはやってこないもの。

「チャンス」とは、努力し求める人には、早いか遅いかの違いはあるものの平等にやってくるもの。ただし、そのときに準備ができていないとつかめないものです。

ちょっとわかりにくいので、例を挙げてみましょう。


あなたは、ハワイに行きたいですか?

たいがいの人は、行きたいけれど、時間とかお金とかいろいろな問題があってすぐに行けるかと言ったら、ちょっと行けない、と言います。

そう思いながらなんとなく3年くらい過ぎて、街を歩いていると、「無料のハワイ行きチケットが当たるくじ」をやっていたとしましょう。

このくじが、「転機」です。でもみんながそのくじを引きに行くわけではない。実際に足を止めてくじを引きに行くのが「チャンス」です。行動を起こすことがチャンスなのです。ただしここで実際にくじを引きに行くのは10人にひとりくらいです。

残りの９人はなぜ引きに行かないのか。

「どうせ自分が当たるわけがない」と思っているからです。

これは、「お金持ちになりたい」「成功したい」と思っている人が、「なれますよ」と言われても、「自分がなれるわけがない」「たぶん無理だろう」とタカをくくっていて、チャンスをつかもうとしないのと同じです。

でも10人にひとりは、「自分はなれる」「自分は行ける」と信じて、くじを引きに行く。で、そのくじを引いて、当たったとしましょう。

ただし、その当たったチケットの裏には注意事項がひとつ。

「当日のみ有効です」。

そんなの無理に決まってんだろ！　と思いましたか？

でもこのチケットで実際にハワイに行く人がいるのです。それは５０００人にひとり。５０００分の１という確率は、日本の人口におけるセレブの割合です。

残りの4999人はなぜ行けなかったのでしょう。

準備ができていなかったからです。

この4999人の人は、死んでから神様に「せっかくチャンスを与えたのになんで行かなかったんだ？」と聞かれたら、きっと言い返すと思います。

「あんなに急に行けって言われても無理だ。おれはニートじゃないし、仕事だって家庭だってあるのに」

すると神様はこう言うでしょう。

「いや、急に言ったわけではない。おまえがハワイに行きたいと言ったのは3年前の話だ。なぜおまえはこの3年間で準備をしなかったんだ？」

そう言われて終わり。

5000人のうちひとりのハワイに行った人は、3年前にハワイに行こうと決めたときから、かばんの中にパスポートと、着替えと、お金を入れて歩いていた。だから行くことができた、ということ。つまり、チャンスをつかむ準備ができていたのです。

お金持ちになる以外ない、という人がいる

占い師がよく街の中で通行人の肩をぽんぽんと叩いて「あなたお金持ちになるわよ」と言っているのは、未来が見えるというわけではなく、俗に言う「**見えないバッグ**」を持っている人を、歩き方や姿勢、顔のたたずまいから見つけて言っているのです。

実際にバッグを持っているわけではないのですが、もう持ってしまっているから、あなたはお金持ちになる以外に道はないんだよ、ということです。

「見えないバッグを持っている人」というのは、自分はこうあるべき、という姿勢が、成功してからできあがるのではなくて、成功する前からそれが整ってしまっている人たちです。だから、歩き方にしても、お金があるからかっこいい歩き方をしているのかといったら決してそうではなく、お金を持つ前から歩き方がしっかりしているし、明るい色の服を着ているし、貧乏なときから財布は長財布で、中にポイントカードやレシートが入っていなかったんだよというだけです。

「なったらなる」のではなくて、「**なる前からなっているから、なりますよ**」ということを、何回でも繰り返しておきたいと思います。

実際、僕のお客さんにもいます。男性でも女性でも、今はお金がないけど、ゆくゆくは成功していくのがわかる人。僕の確率で言うと1000人にひとりくらいでしょうか。そういう人は、占いに来たものの、とくに言うことがない。思うようにやりなさい、と言います。

そんないいかげんでいいんですか?と言われます。いいかげんなつもりはないのですが、今僕がよけいなことを言わなくてもそのまま行っていい。なぜかというともう出来上がってしまっているからです。

この間もそんな人が来ました。知り合いに、融資するから店をやってみないかと言われてるんだけど、自信がないんですよね、と言う。でもそれを望んでいたんでしょう? はい。それに対してずっと準備もしてきたんでしょう? そうです。だったら融資してくれる人が出てきて何か問題があるの? と言ったら、「いや、時期がいいのかなと心配で……」。

そんな人に、時期が悪い人はいません。この何年かの中で、いい話があるけれど運勢の停滞期にある、という人を見たことがないのは確かです。

ただし、このような場合とは逆に、明らかに運の悪い時期にくる「いい話」は詐欺であることが多いので注意してください。本当の儲け話は、他人に持ってくることはありません。人を利用しないと儲からないから、話を持ってくるのです。

成功のための法則

恋愛、仕事、お金……成功するためには、どれも同じポイントがあります。

それは、「転機とチャンスをつかめるかどうか」ということです。

転機やチャンスは、その人が求めるなら必ず平等にやってきます。でも、準備ができていない限りはそのチャンスをつかむことはありません。スポーツでいえば、いつでも試合に出られるように、常にベンチでアップしている状態です。

準備ができているので、チャンスがめぐってきたときに、ぱっとそれをつかむことができる。そうやって、人は自分の望む姿に近づいていくのです。

自分の才能の見つけ方

僕のお客さんで、恋愛、お金の次に多い悩み相談は、仕事についての相談です。次のような会話をよくします。

「僕は、自分にどんな仕事が向いているのかわからないんです」

「じゃあ、医者か弁護士ですね」

「それは無理じゃないですかねえ」

「じゃあ、事務ですね」

「いやあ、ちょっと違うんですよね、そういうのでもないんですよ」

「いいかげん気づきませんか？」

「…………。ああ、自分で探せっていうことですね」

こういう人の特徴は、見つける努力をしないということと、自分に対して関心がないということです。

彼らが関心があるのは、常に〝うまくいっている人〟。その人たちを見てあんなふうになりたいなあと思いはするものの、じゃあ自分にはなんの才能があるんだろうと考えたり、探すための努力をしません。本屋さんに行って本を手に取るわけでもなく、そういった経験をする人に話を聞きにいくわけでもなく、なんかないだろうかと、ひたすら家で言っている人たちです。

よく、美しくて頭もいいような人に「天は二物を与えた」という言い方をしますよね。それだと、神様はひとりの人にひとつだけ才能を与えるのが当たり前のように思えますが、それは嘘です。

僕の先生は、「**才能は、死ぬまで、才《とし》の数だけ数えなさい**」と言っていました。10歳なら10個、二十歳なら20個。１００歳なら１００個。人はそれだけ才能を持っているはず、いや持っていなくてはいけないのです。

そもそも、「才能」の才は1才、2才の才。**「才の数だけの能力」というのが、「才能」という言葉の意味**なのです。

年の数だけ才能が数えられない人は、自分に対して関心もなければ愛もない、そう先生は言っていいました。そういう人は、周りの人の才能を見て「いいな」と羨ましがるだけで、「自分にはこういう才能がある」とは考えない。

自分に対して関心がなく、愛もない人が、人生で成功できるわけがありません。

では、自分の才能を見つけるにはどうしたらいいのでしょうか。

才能を見つけるためにするべきこと

①好きなことを探す

自分の才能を見つけるためのいちばん簡単な方法は「好きなこと」に目を向けることです。自分が好きなことだけを探してください。それさえ見つかって、それをどんどん掘っていけば、いろいろな形で仕事にしていくことができます。

たとえば、僕の趣味のひとつはゴルフですが、僕は、ゴルフをプレーしてごはんが食べられるでしょうか？　食べられないですよね。では、ゴルフをプレーしてごはんを食べられるのはどういう人でしょうか。

プロのゴルファーです。プロのゴルファーがなぜ、ゴルフをプレーしてごはんを食べていけるのかというと、自分のプレーを通して、人に「感動」を与えられるからです。僕がゴルフで食べていかれないのは、感動を与えることができないからです。

でも、ゴルフで食べているのは、プロのゴルファーだけではありません。まず、いちばんお金を持っているのは、ゴルフメーカーの社長です。ゴルフ用品店で働く人もいれば、ゴルフの面白さを人に伝える人もいる。ゴルフ場を整備したり、用具を開発する人もいる。

プロでないとだめということはなく、プロでなくても、その楽しさは知っていて、人に対して「感動」を与えることができれば、そこには絶対、お金が生まれるのです。

②自分の夢を応援してくれる人を探す

僕の友達で、10年間勤めた会社で１円も給料が上がらないと、会うたびにこぼしている男がいました。いつもうじうじしているので、おまえ、好きなことはなんだと聞くと、自分には釣りしかないと言います。

彼の場合、「好きなこと」はもう見つかっています。釣りです。

そこで僕は彼に、釣りを通した人脈作りを始めさせました。僕の知り合いの釣り好きの社長さんなどを紹介して、そこから、釣り好きな人たちの輪を作っていきました。その人たちは彼よりずっと年上でしたが、彼は釣りがうまいし、親切にいろいろ教えてくれるので、彼のことを〝師匠〟と呼び、慕ってくれるようになりました。

そして、彼は会社を辞めて、船を買いました。彼の釣り仲間の社長さんたちが出資してくれたのです。10人乗りの船で、1回の乗船料が、15000円。今、この船に乗りたい人が、山ほどいます。彼の腕がいいというのも理由のひとつですが、どうしたら釣れるか、親身になって一緒に悩んでくれるし、釣れなかったら本人と同じように悲しんでくれるので、もうあいつの船しか乗らない、というファンが大勢いるのです。

そうこうするうちに彼のビジネスは、釣り船1艘で年商2000万円まで成長しました。家も買い換えました。「給料が1円も上がらない」とこぼしていたのが嘘のようです。

「今の仕事がうまくいかない」とか、「何を仕事にしていいかわからない」という人たちに僕はいつもこう言います。自分の才能を見つけるためのいちばん簡単な方法は何かと言ったら、自分の好きなことを探すことだと。誰でも、才能があるからそのことを好きになるのですから。

そして好きなことが見つかったら、その中で、誰かに「感動」を与えられることがないかを探し、次に、それを応援してくれる人を探しましょう。

世間にはたくさんの就職情報や自己啓発の本があふれていますが、難しく考えることはありません。**世の中はそうやって案外シンプルにできている**んだということに、気づいてもらえたら、と思います。

③才能を見つけたら、続ける

才能を見つけるためにすべきこと、その3です。僕の話を例にします。

僕はサーフィンも好きなのですが、じつは、サーフボードに立てるまでに、半年もかかりました。普通サーフィンは、ちょっとコツを教われば、１日でボードに立てます。それが、僕は自己流だったので、１８０日間、毎日毎日海に入っても、まったく立てませんでした。それでも若いときだったので、10万円もお金をかけたんだから元を取らなくては、と思って必死で続けていました。

そんなとき、同じ海に来ていたサーファーに目をつけられました。おまえはルールも知らないし、サーフィンもできないだろうと言ってきたのです。僕が、そうなんです、誰からも教えてもらってないんですと言うと、その人が少しだけ教えてくれました。それで、やっと立てるようになりました。

そんな僕ですから、サーフィンで食べていくなんて、普通なら思いもよらないところです。でも僕は、一時期、サラリーマンをやりながら毎週土日にサーフィンを教え、サーフィンだけで食べていけるほど稼いでいました。うまいサーファーは周りにたくさんいるのに、そういう人たちよりも、半年も立てなかった僕のところにお客さんがたくさん来ていたのです。

なぜかと考えると、うまい人たちは1日で立てるので、立てない人の気持ちや、なぜ立てないかがわからないからです。その点、僕は立てるまで半年かけたので、180日分、180パターンの〝立てない理由〟がわかった。だから、教えるときは、立てない人の気持ちになって教えることができたわけです。それで、教え方が上手だと評判になり、宣伝なんかしなくても、生徒がどんどん集まってきました。

わかりますか？

プロのようにうまくないから、ごはんが食べられないわけではありません。できない時間にすごく意味があるのです。僕は、できなかったけれどそれでもあきらめなかったので、それが教える才能になりました。だから、好きなこと、楽しいことでごはんが食べていけるのです。

野球が好きで、プロ野球選手になる人はごく一部かもしれない。だけど、野球が好きで、プロ野球を支えている人たち。そういう人たちも野球でごはんを食べている人たちです。それは、ありとあらゆる職種の、おそらく何万人という人がいるでしょう。

自分が好きなことを見つけ、それをつきつめていけば、「教える才能」「伝える才能」など、新しい才能が生まれてきます。プレーをすることだけが才能ではないのです。

人を「感動」させ、充実した時間を提供し、感謝される。それができたら、本当に「あなたに向いている仕事」ですし、それがあなたの才能です。

人に何か言われてもつまずかないようにするには

僕の周りには優秀な経営者さんたちが大勢います。

そしてその人たちは「明日が楽しみで眠れない」という夜を月1どころか、週1、いや3日に1回のペースで過ごしています。それはゴルフだったり、釣りだったりといろいろですが、ちょうど、子どもの頃の遠足の前の夜と同じワクワク感を、大人になった今も頻繁に経験しているのです。そういう人は、ちょっとやそっとのことではつまずきません。

もし嵐のメンバーと食事ができるとしたら……？

ある看護師さんが僕の元を訪ねてきました。

勤め先で上司から「あなたは看護師としての才能がない」、患者さんからは「なんで注射がこんなに痛いんだ、向いてねえよ」と言われたそうです。

「私、20年看護師をやっていて、ここまで言われたの、初めてです」

とすごく落ち込んでいました。

彼女は占いでは、運勢のいい時期でした。ですが、顔がすっかり曇って、人相が悪くなっていました。僕はこう尋ねました。

「好きな芸能人は誰ですか」

「嵐が大好きです」

「じゃあ明日、嵐のメンバーがみんなであなたのところに来てくれて、そのなかでいちばん好きなメンバーとあなたが一緒にごはんを食べると考えたらどうですか？」

彼女の顔がパッと明るくなり、興奮気味にこう答えました。

「そんなことがあったら私、一年前から眠れません。何を着て行こうかとか、何話そうとか、もう、どうしたらいいかわからない！」

この気持ちを常に持っている人たちがどれだけ強いか想像できるでしょうか。

今日、上司に「使えないヤツ」と言われても、「才能がないから辞めろ」と言われても、蚊に刺されたくらいにしか思わなくなります。嵐と食事ができるのなら、上司に嫌味を言われることくらい、たいしたことではないからです。

周囲からの悪意のある言葉や、ちょっとしたネガティブな言葉に引っかかって簡単にコケてしまわない強い気持ちを持つために楽しみが必要なのだと言ってもいいでしょう。

今、そんなワクワクした気持ちになれないなら、ぜひ、それを自分で作りましょう。ゴルフや登山、サーフィンといった趣味でもいいですし、好きな芸能人でもいいのです。大好きな芸能人のライブや舞台に行くことを考えるだけで、前日から眠れなくなるはずです。

成功するためには、途中でつまずきそうになることもたくさん出てきます。ちょっとしたことで足をすくわれて転ばないためにも、考えるだけで眠れなくなるようなワクワクすることを、見つけてください。

ワクワクして眠れない夜を過ごす人には、お金も、人も、物も、すべてを引きつける強烈な力が生まれます。

女性に敬意を払わずに、成功はあり得ない

プロスポーツ界でも政界でも、実業界でも、歴史に名を残すほど成功した人には、大きな共通点があります。

それは、奥さんを大事にしているということです。

男はひとりでは成功できません。では何が必要かというと、奥さん、つまり特定の女性の力が絶対的に必要です。**女性を敵に回して男の成功はあり得ません。**

女性を敵に回したら、この世は地獄です。あっという間に転落していきます。

女の人を邪険に扱う人たちは、たとえ今、お金をたくさん持っていても、先は見えています。男性だけでなく、女性でも同じです。女性を大切にしない女性は成功できません。

ところが不思議なことに、男性はひとりでは成功できないのですが、女性は男の人がいなくても成功できるんですね。シングルファーザーで会社を立ち上げて大成功したという話はほとんど聞かないのですが、シングルマザーで起業して大成功した女性の話はよく聞

きます。

奥さんの運がよくなると、夫の運勢も上がる

なぜ、女性を大事にしないと成功できないのでしょうか。

男性と女性の関係は、飲み物でたとえるとよくわかります。

うちのお店で350mlのグラスの中にウーロン茶を入れて出したら、210円です。

でも、グラスがない状態で350mlのウーロン茶をテーブルにぽんと置いても誰も210円は払いません。もちろん、空のグラスを置かれても払わない。グラスの中に350mlのウーロン茶が入って初めて、210円の価値が生まれます。

グラスと中味。これが夫婦です。両方そろって価値が生まれます。

では、どちらが男性でどちらが女性だと思いますか？

グラスが男性、中味が女性です。

グラスの中に、倍の700ml入れたら420円になるはずです。でも、倍入れたら溢れてしまった。何が小さかったか。グラスです。ですから、男性が器を問われます。

女性は中味なので、「女性の器」は問われません。でも、「質」を問われます。

ウーロン茶がそのグラスに入れば210円ですが、同じ量の350mlの日本酒の大吟醸が入れば1500円。ドンペリが入れば5000円です。ロマネコンティなら20万円します。同じ器でも、中味（奥さん）の質が変われば、その飲み物全体の価値が変わるのです。

確かフランスのことわざだったと思いますが、女性をワインにたとえたものがあります。何年も大切に大切に扱っていくと高級なワインになるけれど、扱い方を間違えるとビネガー、つまり酢になってしまう。

この話を講演会でしたとき、

「あ、そうか！　おれがパッとしないのは、ウーロン茶と結婚したからだ（笑）」と言って顰蹙《ひんしゅく》を買った社長さんがいました。僕は言いました。

「あなたの器にウーロン茶が入ったのは、素材が紙コップだったからではないですか？夫婦はお互い様なんですよ」。

隣にいた奥さんは、してやったり、という顔をしていました。

夫婦はほんとにお互い様です。相手のせいにしていても始まりません。奥さんが最初にそのことに気づくとよくなっていきます。

奥さんがウーロン茶からドンペリになれば、たとえ紙コップに入っていてもドンペリです。女の人の質が上がれば、男の運勢は絶対によくなっていくのです。

女性から応援される人になる

夫婦の間だけでなく、女性全般に対して敬意を払ってつき合えているかという点も、見逃してはいけないポイントです。女性の支持を集められる人になれるかどうかが、成功のカギです。

女性から応援される男性は圧倒的に伸びていきます。

今まで僕が見てきた幸せなお金持ちの人たちを見てもはっきりとわかります。みんな夫婦仲がとてもよくて、お互いを認め合っています。女性に対して横柄にふるまったり、まして手を上げるような男性はひとりもいませんでした。

幸せな成功者になる男性とは、女性に対して威張ったり、女性を下に見るのではなく、女性の前で一生懸命カッコつけて、女性もちゃんとそれに応えてくれているような男性です。そんな男性はけっしてハンサムではなくても、どこかにカッコよさがあるものです。

一般的に、女性アイドルの寿命は短いけれど、ジャニーズのアイドルたちはものすごく寿命が長いです。40代、50代になってもアイドルとして人気がある人もいます。

ジャニーズのアイドルたちが消えないのは、ジャニーズのファンが女性だからです。一方、女性アイドルのファンはほとんどが男性です。女性の支持を集められる人が成功するというのは、こんなことからもわかる気がします。

女性が成功する場合も同じです。女優さんや女性歌手で、女性からの人気が高い人は寿命が長いです。松任谷由実さんや安室奈美恵さんなどのファンには女性が多いです。

奥さんの運勢を上げるには

奥さんの運勢がよくなれば、自然と旦那さんの運勢も上がります。

では、奥さんの運勢を上げるにはどうすればよいでしょうか?

いちばんいいのは、家を建てる、もしくは家のリフォームをすることです。

それはなぜかといえば、「嫁」という漢字を見ればわかります。おんなへんに家。

つまり「嫁」とは、「女性」に「家」がついたものなのです。ですから、夫でも、親でも、子どもでもなく、奥さんがもっとも住み心地のよい家にすることが大事なのです。

僕が家を建てたとき、さまざまな業者の人にいろいろと面白い話を聞きました。

台所まわりをどうするかなど、設備について業者と施主が打ち合わせをするとき、予算や細かい希望のかねあいで時間がかかるので、ふつうは3時間くらいを想定しているそうです。ところが時々、1時間もかからずにちゃっちゃと打ち合わせが終わる家がある。それはたいてい、社長さんとか、お金持ちの家の場合が多いそうです。なぜかと言えば、ご主人が「いいようにしなさい」と、奥さんの考えに何も口出ししないからなのだそうです。

打ち合わせが長引くのはご主人が「違うよ、台所はこんなじゃなくて、もっとこうしろよ。風呂もこういうほうがいいよ」「そんなにお金をかけるのか」と言い争いになってしまう夫婦。このあたりが、運が上がる人とそうでない人の違いです。

本書を読んだ方は、家を建てたりリフォームするときはぜひ奥さんに丸投げするつもりでしてください。それぐらいがちょうどいいと思います。

ところで、最後にひとつ注意点を。

男性は特定の女性の力がないと成功できないと言いましたが、特定の女性とは、奥さんだけではなくて、彼女や、ときとして愛人という存在がいます。

でも、愛人にだけは注意してください。あとで必ずしっぺ返しがきます。

お金持ちの「衣食住」の共通点

次に、幸せなお金持ちに共通する生活習慣についてです。

インターネットで、「お金持ち　習慣」と検索すると、たくさんのサイトがヒットします。お金持ちの生き方や習慣を身につければ、自分もお金持ちになるきっかけがつかめるのではないか、と思うからだと思います。

僕も、これまでたくさんのお金持ちに出会ってきましたから、「このことはほとんどの人がやっているな」とか、「みんな同じことを言っているな」という共通点に、いつしか気づくようになりました。

その中でも特に「衣食住」に関する習慣についてお伝えしたいと思います。「衣食住」は、人間の運を作り出すもっとも基礎の部分なので、日々、意識して生活していただきたいからです。

地球最後の日に食べたいものは？

まず「衣」ですが、これは第1章でも言ったように、女性は「明るい色の服を着る」ことです。

男性は黒でもグレーでも茶色でも、何色でもかまいませんが、隣にいる女性、つまりご夫婦なら奥さんに、ぜひ、明るい色や花柄などの服を着てもらってください。これはもうテッパンです。

次に「食」。

一口にお金持ちと言っても、もともと強運で成功した人もいれば、もともと持っている運はさほど強くないけれども、生まれた後から運が爆発的に伸びて大成功を収めた、という人もいます。

僕は、後者の、「後天的に運が強くなった人」たちに対して、その秘訣を知りたくて、いつもある同じ質問をしてきました。それは、

「もし、明日が地球最後の日だとするならば、何を食べますか？」という質問です。

この質問に対して、後天的に運がよくなった方たち全員から、なんと、同じ答えが返ってきました。どんな答えだと思いますか？

それは、「母の手料理」。

全員が全員、明日地球が滅亡する前の日には、母の手料理が食べたいと答えました。

この意味が、みなさんわかるでしょうか。

親は、自分の子どもが自分よりも1日でも長く、幸せに健康に生きてほしいと願い、子どもを育てます。その中でも、直接命に関わるものが、お母さんのおっぱいに始まる、食事です。

そういう思いを込めて料理をしてくれる人の存在、そしてその人たちのごはんを食べていくことがどれほど大切か。後天的に運が強くなっていった人は、その大切さに気づいた人なのです。

食いしん坊はお金持ちの才能

「生まれた瞬間から成功を約束されているくらい強い運を持って生まれてきた人」

「持って生まれた運はさほど強くないけれど後天的に強くなった人」

「不運な星の元に生まれたけれど大成功を収めた人」

この三者には、そもそも大きな共通点として、「食いしん坊」ということがあります。食べることにとても貪欲な人が多いのです。それが生命力にもつながっているのでしょう。

ただ、食いしん坊といってもなんでも食べるのではなくて、質にこだわる。

この人たちのこだわりというのは、人が手作りしたものを食べるということ。逆に嫌いなものが何かというと、ファストフードとかコンビニの食品、冷凍食品など、工場で大量に作られている食品です。

ある社長さんとご一緒したとき、その場にあったコンビニ弁当やおにぎりにその方が手をつけていなかったので、食べないんですね、おいしくないからですか？　と聞いたら、

「おいしいとかおいしくないじゃなくて、光ってないから食べないんだよ」という表現で言っていました。

それで思い出したことがありました。僕のお客さんで、ばりばり働いているシングルマザーのお母さんが、忙しくてなかなか食事を手作りできないとき、買ってきたおにぎりを、袋を破って一度取り出して握りなおすと言っていたのです。そのまま子どもたちに渡しても食べないけれど、お母さんが1回手でぎゅっとしてから渡すと、食べるのだと。

コンビニのおにぎりですら、人の思いをそこに込めることで、工場から出荷された工業

製品ではなく、食べ物として食べられるようになるということです。

僕は、学校に講演にいくこともよくあるのですが、そこで、「この子はいい目をしているな」と感じる子どもたちのお弁当の中身を、十中八九当てられます。なんだと思いますか？

そう、おにぎりです。お弁当箱にぼーんと白いごはんを詰めてあるのではなくて、母親が握っているのです。卵焼きであろうと、肉を焼いたようなものであろうと、お母さんが直接手を触れて調理した食べ物を食べている子たちは、目が違う。

以前、「成人した子ども３人がうつで、ひきこもりになって困っています」という女性が相談に来られたことがありました。その方もシングルマザーの社長さんで、ばりばり働いて子どもを３人育て上げたけれど、３人が３人とも大学を途中でやめて帰ってきて、ひきこもっているというのです。僕はそれを聞いて、成長期のときにお子さんたちにごはんを作って食べさせていましたか？　と聞きました。そうしたら、その当時はすごく忙しかったんでしょう、食事はお金だけ置いて、自分たちだけでどうにかさせていたということでした。

子どもは親の愛があって初めて成長していきます。この３人は、体は大きくなっても心が育っていなかったのでしょう。今からでも作ることを心がけてくださいと言って、そのとおりしたら、子どもに力が戻り、立派に働くようになったと言っていました。

手作りの食というのは、それほど人に力を与えます。

成功を収める人たちというのは、そういうことが本当によくわかっているなあと思います。

お金持ちの家の基本

最後に、「住」です。

風水でもそのほかの多くの占いでも、「家相」は重要な項目で、家を建てるとき、引っ越すときなどに間取りや方角について多くの複雑な教えがあります。それを今ここで話し始めたら本数冊分になってしまうので、ここではお金持ちの家から学べる基本中の基本をお話しします。

それは、**お金持ちの家ほどものが少なく、貧乏人の家ほどものが多くてごちゃごちゃしている**、ということです。

ものが多いと、風通しも光の入りも悪くなります。**「光が通って風通しがよい」という**

のが家相でいちばん重要な部分ですから、家の中をシンプルにして軽くしておくというのは、家のあり方として基本なのです。

光が入って風通しがよいというのはつまり、影にならず、湿気がこもらないということ。湿気は家にとっていちばん恐ろしいもので、精神的にも、もちろん身体的にも住む人に大きな悪影響を及ぼします。

家の中の状態を整えるなら、湿気は徹底的に排除するべきです。結露して家の壁に水滴がつくような家は最悪ですから、除湿機を使ってでもとるほうがよいでしょう。

ここでは詳しくは述べませんが、とくに年頃の女の子の部屋に湿気は大敵です。**風と光が女の子にいい運を運んでくる**ので、場所で言えば、日が当たらず風通しも悪い北西の部屋を女の子の部屋にするのは絶対に避けてください。夫婦の部屋にするとよいでしょう。

家は家族の分身です。

家の中にものが多いのは、脂肪が付きすぎてフットワークが重くなってしまった体と同じです。

よく、きれいに掃除をしているからいいでしょうという人がいますが、いくらきれいにしていても、ものが多ければ、家の中の肉付きはかわりません。

だから、ものを捨てて家の中を軽くする。
よけいなものを捨てれば、新しい流れが必ず入ってきます。

片付けの盲点

世の中にはものを捨てられない人が多く、「捨てる」「片付け」をテーマにした本がたくさん出ています。

みなさんの中にもそういったものを参考に片付けている人も多いと思うのですが、盲点があるので、それをお伝えしましょう。

まず、家の中の片付けには熱心なわりに、家の外に気が回っていない人が案外多いです。

あなたの家は、家の外の物置や、隣家との間、家の裏、ベランダなどがすっきりと片付いていますか?

家というのは、**屋内だけでなく、敷地内全部**を含みます。よけいなものは光や風の通りを悪くします。すべてすっきりとシンプルにしておきましょう。家の敷地内にゴミ溜めみたいになっている場所があるのに、住んでいる本人たちは当たり前の光景になっていて気にしていない、ということがけっこうあります。

昔はよく、北が欠ければ子どもが病気になるとか、北西が欠ければその家の主人が重病になるといいました。不思議ですが、こういったことの実例は枚挙にいとまがありません。たとえば、子どもが原因不明の熱を繰り返すといったとき、家の北側に溜めてあったものを片付けたらすぐに熱が引いた、なんていう話がざらにあります。

じつは僕も実感したことがあります。下の娘が、咳も鼻水もないのに、熱だけをよく出していました。そこで考えてみたら、家の外壁を工事している業者さんが、敷地の南西側にいっぱいバケツを置いていて、汚れた雨水が溜まっていたのです。それを片付けたら、その日のうちに熱は下がり、そのあとは熱を出さなくなりました。

家が病めば、そこに住む人も必ず病みます。壊れた部分とか、古くて傷んだ部分を放置しておくと、必ず重病者が出るのです。

家は自分たちの家族ですから、家族と同じように大切にケアをして、汚れていればきれいにし、壊れていればちゃんと直すということを、日頃からきちんとやっておきましょう。

中でも、湿気と汚い水には要注意です。水槽で魚を飼っている人は、水槽の汚れにも気をつけてください。

水がちゃんと循環しているところは、お金がいっぱい生まれます。

装飾品に注意

もうひとつ注意していただきたいのは、家の中の飾り物です。

絵画や置物、花瓶などいろいろありますが、**絶対にやめていただきたいのが、ドライフラワーやプリザーブドフラワー**です。今すぐ捨ててください。

なぜ、ドライフラワーやプリザーブドフラワーはだめなのでしょうか。

考えてみてください。あなたは、かわいがっていた犬や猫などのペットが亡くなったとき、冷凍したり、天井にぶら下げて乾かしてから、飾りますか？

生きていたものを死んだ状態で飾り続けると、「死気」といって、死んでいる気が出続けます。動物と植物では違うと思うかもしれませんが、死気を出していることには変わりありません。

そして、新しく入ってくる生命は、この死気をとても嫌います。そのことが原因で、子どもの体が弱いとか、奥さんが不妊ということがよくあります。子どもができなくて悩んでいたけれど、プリザーブドフラワーを捨てたらできた、という人がいっぱいいます。

花は美しいものです。花が美しいのは、短い期間に精いっぱい咲いて、散り、その後にまた命をつなごうとする、生命力にあふれた姿だからです。

そんな美しい花を身近に飾って目や心を楽しませたいという気持ちはわかりますが、生きていた頃の姿をいつまでもとどめておこうとするのは、ただのエゴ。命そのものを瞬間冷凍していつまでも眺めて楽しむことはできないのです。

ドライフラワー、プリザーブドフラワーは問題外。死んでいるものを飾っているだけなので、百害あって一利なしと思ってください。

それなら、造花ならいいですか？　と聞かれることもよくあります。造花はもともと人工物ですから決して悪いことはないのですが、僕の先生たちが言っていたのは、「ほこりが積もればただのゴミ」（笑）。

造花は形が複雑ですし、普通は置きっぱなしですから、ほこりが溜まりやすい。でも掃除が難しいですよね。ですから、造花を飾るくらいなら常に生花を飾ったほうが、家相的にはずっといいです。

僕は、講演会で、何かものを買って人の運勢がよくなることは絶対にない、といつも言っていますが、３つだけ例外があります。それは、**酒と塩と花**です。とくに生花は抜群です。

生花を飾る場合は、つぼみの花を飾ってください。花は開くときにたくさんのいい気を出すのでとくにいいです。

植物でいえば、観葉植物もありますね。

観葉植物を置いておくと、家の気の状態がすごくよくわかります。とくに部屋の四隅に置いておくと、自分の部屋の状態がいいのか悪いのか、わかりやすいです。

観葉植物を買ってきてもすぐ枯れてしまうんですという方もいますが、そういう方は、枯れたら新しいのを買ってきて、枯れなくなるまで、ずーっと置き続けてください。

植物がりんりんと生きている状態が、いちばん、部屋の気がよい状態。悪いとすぐ枯れてしまいますが、枯れなくなるまでしつこく置き続けていると、不思議と枯れなくなっていきます。

ここからは余談ですが、観葉植物のパキラは、育てやすくて人気があるのでよく見かけると思います。パキラは恋愛を象徴する代表的な観葉植物と言われています。

僕もひとり暮らしをしているとき、部屋にパキラを置いていました。しかし、彼女ができて別れるたび、必ず枯れていました。なので僕は、パキラは1年もたない植物なのだと、その当時は思っていました（笑）。

でも、今の奥さんと出会う前に買ったパキラはもう10年以上、今も家にあります。逆にこれが枯れるときに怖いことが起きるんじゃないかと思いますが、たぶんそれはないでしょう。すいません、余談でした。

まとめると、「住」については、家の中を軽くし、悪いところを放置せず、きちんと手入れをしておくことがいちばん。そのためには、いろいろと溜め込まずに、捨てる。

何を捨てたらいいのかどうしても迷ってしまうという人は、女性限定のアドバイスになりますが、「**嫁に行くときに持っていくものだけ**」と考えましょう。それ以外のものは結局いらないものであることがほとんどですから、その基準で判断していくとわかりやすいと思います。

また、「彼氏ができない」と悩む人は、「**いつでも彼氏を家に上げられる状態**」にしておきましょう。そのためにはものを少なくしてシンプルにしておくのがいちばん。とても人を上げられない状態で生活している、という人に、「彼氏がほしいならまず部屋を片付けてください」というと、「そんなの彼氏ができるかどうかに関係ないですよね？　彼氏ができてから片付ければいいじゃないですか」と言う人もいます。でも、これも「なる前になる」です。

彼氏ができる人は、彼氏ができる前から、人を家に上げられる状態になっているから、彼氏ができるのです。いい人ができてから片付けても、チャンスを逃してしまいます。

お金持ちに学ぶ「衣食住」は以上です。

・明るい色の服を着る（男性は、奥さんや恋人に明るい色の服を着てもらう）
・手作りのものを食べる
・家の中を軽くする

たったこれだけ。難しいことはありませんが、効果は絶大です。

第3章

運のいい悪いは「見た目」でわかる

「運のいい男性」は、ここを見ればわかる!

人の運勢は、見た目に現れます。手相、人相、骨相など、統計をもとにした占いの真髄の最終的な答えが、人の体だからです。

では、どこを見れば、その人の運勢がわかるのでしょうか。

見る目があった女性たち

僕は12年間、占いを続けながらたくさんの人と接しているうちに、俗にセレブと呼ばれるような、お金持ちの人たちと会う機会が増えました。その中でもとくに注目したのは、セレブの奥様たちです。

つきあい始めた頃は、相手の男性が学生とか普通のサラリーマンだったり、それどころか借金を抱えてにっちもさっちもいかない状態だったけれど、結婚後に起業したりして成功し、今現在はお金持ちになった人を夫に持つ女性たちです。

この人たちに「あなたは旦那さんのどこに惚れましたか？」という質問をしてみると、なんとその８割以上が、体のある部分に惚れた、という表現をしました。

その「体のある部分」とは、どこだと思いますか？

手？　腕？　肩？　それとも眉毛や目など、顔のパーツ？……

答えは、背中。ほとんどの奥さんが、「主人の背中に惚れました」と言ったのです。

じつは背中には、人の運勢がすべて出ます。とくに男性の背中は、その人のすべてを語ります。

戦国時代の武将は「敵に背中を見せるな」と言いました。それは、背中を見せると斬られるから、ではありません。背中が語ってしまうので、敵にその人の本性をさとられてしまうから、というのがそもそもの意味です。

背中は人の口以上に、そして、心以上にものごとを語ります。つきあい始めは貧乏でも、のちにセレブとなった女性たちは、ただなんとなくその男性を選んだわけではありません。そこにはちゃんと理由があったのです。俗に言う第六感は女性にだけ存在します。女性は人の本質を見ることに非常に長けているのです。

人の背中にはたくさんの情報が入っています。

あなたが仕事のパートナーや、何かの契約の相手方、部下や上司、結婚相手を見ていくときも、まず背中をチェックしてみてください。

とくに女性は、男性の背中をぱっと見たときに「ああ、この人の背中は大きいな」「この人の背中は温かいな」と感じる自分の直感を信じてください。その直感は間違いありません。その男性は〝持っている人〟です。

「今つきあっている人と結婚して大丈夫かどうか、迷っているんです」という女性が相談に来たら、僕はこう言っています。

「顔を見てかっこいいと思ったら、デートして別れるときに振り返って、彼が去っていく後ろ姿を必ず見届けなさい。その後ろ姿が、顔の2倍かっこよかったら、彼との結婚を考えてみては?」

後ろ姿を見る

僕は、占いに来るお客様も、会社の面接を受けに来た人に対しても、必ずその人たちが店に入ってくる前から防犯カメラの前に立って、彼らの後ろ姿をチェックします。

姿勢はどうか。歩き方はどうか。実際に顔を合わせているときはピシッとしている人でも、人に見られていないと思うと気が抜けて、本性が出ます。

足をずるずると引きずる男性は、時間、女性問題、お金に対してルーズで、それらの問題を抱えている人が多いです。

女性の場合は、足をひきずるようにだらしなく歩く人はなかなか彼氏ができません。そういう女性は、おそらく財布の中も汚いでしょう。バッグの中も整理整頓ができていないはずです。さらに、部屋も汚いです。

実際、足をひきずって入って来た女性に、「あなた、部屋が汚いでしょう」と言うと、驚いて「なんでわかるんですか？　見えるんですか？」と聞かれます。

いいえ、見えません。男女問わず、自己管理ができていない人は、歩き方ですら、すでにだらしないのです。

背筋が曲がっているかどうかもチェックします。背筋は何を現すのでしょうか。

「自信」です。自分に自信がない人たちは、必ず猫背になります。

僕はふだんから、ありとあらゆるものの統計をチェックしていますが、ストーカー事件の加害者のデータを見ていった結果、その多くに共通しているのが、猫背でした。

自分に自信がない人は、他人に依存したり、束縛します。だから付きまとうのです。「彼氏がすごく束縛をする人なんです」という女性に、「彼は猫背じゃないですか？」と聞くと、たいてい当たっています。

自己管理や、自信。背中ひとつでこれだけのことがわかるのです。

対面キッチンが日本の親子を変えた？

「子どもは、親の背中を見て育つ」という言葉があります。親の背中は、子育てに影響します。

以前、家を建て替えたいという人が、どんな家がいいかと相談に来ました。その方は、ちょうど子どもたちがだんだん大きくなってきて、これからいろいろなことを教えてあげたい、という時期でした。

今どきの住宅のキッチンは、その多くが対面キッチンになっています。リビングが見える状態で料理ができる造りです。ですが、僕たちが子どもの頃は、お母さんが背中を向けて料理をする、背面キッチン（？）が多かったと思います。

昔の農家などでは、子どもも家の働き手として、きょうだいのめんどうをみたり、農作業を手伝うのが当たり前でした。しかし、対面キッチンが増えてから、子どもたちが家事を手伝わなくなったと言われています。

対面キッチンは、常にお母さんから見られていることによって、子どもたちは見守られていると感じ、安心感を得ることはできます。しかしその一方で、見られて安心してしまっていることによって、子どもたち自身が、お母さんがやっていることに興味を示さなくなったのです。背面キッチンの場合は、お母さんの手もとが見えず、何をやっているのかわからないので、子どもたちは好奇心をそそられて自分からキッチンに近寄ってくると言います。そこで僕はこの方に、子どもたちの成長期に家を建て替えるなら背面キッチンにしたほうがいい、とアドバイスしました。

子どもは親の背中を見ます。たとえば「うちの子どもは勉強しない」と悩んでいる親御さんは、親自身が、あまり勉強をしてこなかった方であることが多いです。親が勉強しないなら、子どもたちも机には向かいません。けれど、親が勉強する家の子どもは、言われなくても自分からやります。

背中がよくなれば、運はよくなる

「なる前になる」ということからいけば、背中がよくなれば自然と運はよくなります。逆に言うと、背中がいい人で運の悪い人はいません。

では、どうすれば背中はよくなるのでしょうか。

①背中をさすってもらう

僕の元には、疲れて、心を病んでしまっている方もたくさんいらっしゃいます。疲れ果て、病んでしまったときは背中をさすってもらってください。奥さんがいる方は、週に1回でよいので、お風呂で奥さんに背中を流してもらってください。ただし、道具を使わず、素手で流してください。

人の手には、古くから人を癒す力があると考えられています。みなさんも、頭が痛いときは無意識に頭を押さえるでしょう。お腹が痛いときはお腹を押さえます。このことを「手当て」と言います。ですが、体の部位のなかで、唯一まんべんなく人間の手が届かないところが、背中なのです。

そこで、他の人の力を借りて、触ってもらうわけです。そしてきれいに流してもらうだけで、**背中に溜め込んだ厄を落とす**ことができます。これを奥さんからやってもらいましょう。逆に奥さんがご主人からやってもらっても問題はありません。

②背筋を伸ばして歩く

運勢を上げるには、背筋を伸ばして歩きましょう。

「いや、俺はヘルニアだから……」？　関係ありません。腰が痛い人ほど、ぴしっと背筋を伸ばして歩いてほしいです。

背筋をピンと立て、胸を張って、頭は天を仰いで、そして胸を張って歩くようにしましょう。いかに自分を大きく見せるかではなく、**自分自身の背中を通して、人に魅力を伝えていくための姿勢**です。

ただときどき、胸を張りすぎて偉そうに歩く人がいます。これはよくありません。なぜなら、それはコンプレックスの裏返しだからです。たとえば学（学歴）がないとかお金がない、身長が低い、という場合もあるでしょう。

気持ち的にも身体的にも、小さくて弱い人は、いかにして自分を大きく見せるかということで頭がいっぱいになっています。ですから、あまりにも偉そうに歩く人たちは、自分に対して極端なコンプレックスを持っていて、心の弱い人が多いのです。

ごく自然に胸を張れば十分です。

③手を肩より上に上げて、深呼吸する

さらに背中の状態をよくするために、重要なのが深呼吸です。深呼吸をしてお腹に息を溜めると、人間は必ずふっと背筋が立ちます。その呼吸に合わせ、ラジオ体操で深呼吸するときのように、肩より上に手を上げましょう。

腕を上げることは人間にとって不可欠な動作なのですが、僕の整体の先生は、「デスクワークをする人が増え、肩より上に手をあげる動作をすることがとても減った」と言っていました。

胸を張り、手を肩より上に上げ、そして前後左右に伸ばす運動を毎日してください。これだけでも、背筋がピンと伸びていきます。

顔を見ただけでその人の運勢の流れはわかる

目には運勢の６割が出る

背中の次に運勢を見るところは顔です。人相にはその人の近い未来が出ます。「この人はいい人だ」「この人はお金持ちだ」といったことがすべて出ているのが人相なのです。

その中でも、人相を専門的に見ていく占い師が最初に見る場所が、目。「目は口ほどに物を言う」ということわざの通り、目がとても重要だと言われています。じつに、その人の人生の６割が目に出ます。

目がきれいな人は運勢がいいです。ただ、目がきれいと言っても、具体的にどういった状態を指すのかよくわからないかもしれません。

きれいな目の見分け方はじつはすごく簡単です。**黒目と白目がはっきりしていること**です。白目はより白く、黒目はより黒く、コントラストがはっきりしていることが大切です。

人は疲れてくると、黒目と白目の境目がぼやけてきます。ですから、黒目の輪郭がはっきりしていない人は、運勢が弱いということになります。白目が充血しているのも、疲れている証拠ですからよくありません。

これらは自己管理をして、注意して目のケアをすれば改善できます。

目で関係あることというと、一時期、若い女の子にカラーコンタクトがとても流行りました。でも、カラコンは絶対にやめてください。

僕の統計では、カラコンをつけている子に幸せな子はいませんでした。それは、カラコンを入れることで、周囲に「私は見た目にコンプレックスがあって、気にしています」と言っているのと同じだからです。カラコンは変身願望の現れなのです。

ダメな男は、コンプレックスのある女性を口説くのがうまく、そこをねらってきます。彼らは、強いコンプレックスを持っている子に対して、「お前はかわいいよ」「マジでかわいい。好きだよ」と言う。ほめられた女の子は、気にしている部分を認めてくれたうれしさで、簡単に引っかかってしまう。ダメ男が女性のコンプレックスを見抜く時のポイントが、暗い色の服を着ていること、化粧が濃いこと、カラコンを入れていることなのです。

さらに悪いことに、カラコンをつけている女の子は、コンタクトで自分の目を曇らせてしまっているので、男を見る目がなくなっていますし、いい男を落とすための目力も半減してしまっています。

裸眼で勝負しないと、いい男は絶対に捕まえられません。なお、メガネは問題ありません。

眉毛を薄くすると生命力が落ちる

目の上にある眉毛も重要なポイントです。

僕たちはよく、「眉毛の薄い経営者はいない」と言います。

眉毛はその人の生命力を表します。ですから、眉を細くするということは、自分の生命力を落としているということです。さらに、眉毛の左右を短くする眉カットは、「生命の断絶」とまで言われます。カットしたような短い眉毛に自然になってしまった場合は、死相の表れだと言われていますので、注意してください。

最近は若い男の子の間で眉毛を細く整えることが流行っているようなので、僕は高校生に講演をするときは必ず眉毛について注意するようにしています。

眉毛は細すぎず、太すぎずということを意識してください。元の眉毛が薄い場合は、メイクで描き足せば問題ありません。

鼻のできものに注意

次に、鼻です。鼻は金運を指します。鼻を見れば、その人の金運がいい状態なのか悪い状態なのか、一目瞭然です。

鼻はきれいな状態を保ちましょう。特に鼻にできものができるのは、突拍子もなくお金が出ていく前触れなので注意してください。

また、鼻を乱暴に扱うこともあまりよくありません。赤くなったり、黒くなったりということがないようにしましょう。

鼻をいじってばかりいると、金運が下がる一方になりかねませんから注意しましょう。

鼻のケアは、清潔を保つためにほんの少し行えば十分です。

口のまわりに出ること

次に見る場所が口。ここではまず、歯を見ます。

歯はお金が出ていくか、いかないかということを表します。金運が上等なお金持ちに、歯のケアを怠る人はいません。お金持ちになりたいなら、歯をきれいにしておいてください。歯並びが悪い人はきちんと矯正し、歯が抜けていればちゃんと差し歯で補っておきましょう。

続いて唇です。ここには人間関係が現れます。とくに女性に現れることが多いようです。ご主人、あるいは彼氏とあまりうまくいっていない女性の唇を見ると、潤いやツヤがなく、がさがさで乾いてます。

唇は人間関係の中でも、とくに情愛運を指します。ご主人や彼氏との関係がうまくいかないとき、唇はたいへん荒れます。僕のところには、この３年間で離婚の相談に来た人が１５００人いましたが、ふっくらと潤いのある唇をした人はひとりもいませんでした。唇が荒れている人はリップクリームを塗ってケアしてください。それだけでよい方へ向かいます。

次に、ほうれい線です。

経営者の方たちは、ほうれい線にできものができるとよくありません。ほうれい線のできものは部下や上司、取引先や関係者とのトラブルを暗示します。

これは僕自身にも経験があります。朝起きて鏡で顔を見たら、ほうれい線のところにできものができていました。「今日は何かあるな」と思っていたら、経営している居酒屋の店長から連絡がありました。「すいません、長く働いていたバイトの子がふたり同時に辞めるんです。今きついです」、と言うので、僕は久しぶりに居酒屋で焼き鳥を焼くことになりました。

身近な人との人間関係のトラブルは、あごに出ます。あごのできものは、旦那さん、奥さん、家族、親友といった、身内との揉め事の暗示です。さらに、あごの下にできる吹き出ものは全部ストレスが原因です。あごの下にいっぱいにきびができているときは、なんらかのストレスを抱えていると考えたほうがいいでしょう。

耳

忘れてはならないのが耳です。「福耳」という言葉がある通り、耳にも運勢が顕著に出ます。

耳にほくろがある人はとても金運がいい人です。耳のほくろはお金を指すのです。

また、耳は厚いほうがよいです。大きな耳たぶは「福耳」と言って喜ばれるのですが、大きいことよりも、厚いほうが重要です。

耳に関することで注意してほしいのは、ピアス。とくに男性は耳になるべく穴を開けないでください。人の体で穴が必要なところには、すべてあらかじめ開いています。自分の意思で新たに開けることはよしとされていません。男性の場合は、耳に穴を開けると、運が逃げていきます。

女性はおしゃれとしてピアスを開けることが多いですが、昔は、耳に穴を開けると、離婚の相になると言われていました。子宮が悪くなるという説もあります。ピアスを開ける部分は子宮のツボだと言われているためです。ですので、女性であっても穴を開けることはけっしていいとは言えません。

小金持ちと言われる人、こっそりと財産を隠し持っている人、もしくはこの先、密かにお金を持つであろう人たちには、耳にひとつおまけがついています。耳たぶの下に「子耳たぶ」と言う小さな耳たぶがあるのです。

子耳たぶを持つ人はいずれしっかりお金を持つようになるか、すでにお金を持っています。口では「お金がなくて困ってるんだよ」「資金繰りがたいへんだよ」と言っていても、じつはたっぷりお金がある人なのです。また、子耳たぶは突然出ることがありますから、注意して耳を見ておきましょう。

おでこ・眉・髪

人生がなかなかうまくいかないと悩んでいる人たち——とくに女性は、おでこを隠さないでください。前髪を下ろしておでこを隠してしまうと、運の流れは停滞します。

恋愛運がぱっとしない女性は、前髪を全部下ろしている人が多いです。おでこは広げて出すほうがいいと覚えておいてください。

自分の魅力を伝えるときに重要なのは、眉間《みけん》です。運は眉間から流れが出てきます。眉間に吹き出物、にきびができることは、流れが停滞することを指します。自分への自信を失うと、ここに大きなできものができます。清潔を保ち、にきびを防ぐためにも前髪でおでこを隠さないようにしましょう。

男性の場合、おでこを隠す人はそういないでしょうが、髪の毛は長いよりも短いほうがいいです。僕が統計をとっている限りでの話ですが、ロン毛の社長さん、ロン毛のお金持ちはほとんどいません。髪の毛は短ければ短いほど金運はよくなります。男性は短髪を心がけてください。

顔色

顔をひと通り見た後、最後にチェックするのは、顔色です。

ぱっと見たときに顔が〝パンダ〟になっている人は要注意。パンダというのは、普通は目の下だけにできるクマが、目の周り全体にどす黒く広がっている状態です。近くで見るよりも、５ｍくらい離れたところから見るとよくわかります。

これは破産、そして犯罪者の相です。目の周りが黒くなるとともに鼻、口、おでこまで黒くなることもあります。

ニュース番組で何かの事件の犯人が映ったら見てみてください。犯人は、目の周囲がびっくりするほど真っ黒になっていることがあります。

僕のお客様の中に、何千万円何億円というお金を動かして、一見バリバリやっている経営者なのに、顔がパンダになっている人がいました。

「社長、大きい契約が入ってくるのはいいんですが、足元を見直してください」と僕はアドバイスしました。ですが本人は、「俺、イケイケやけん」と自信満々。アドバイスしたのは夏だったと思いますが、その後目の周りがどんどん黒くなり、最後の方はおでこまで黒くなっていました。自転車操業の状態であることが表れていたのだと思います。そしてその年末、とうとう破産宣告をうけました。

パンダになってしまった人の場合、もう手の打ちようがありません。

顔でいちばん大事なこと

運勢が、顔のそれぞれの部分に現れて、その人の人相となります。

では、人相を一発でよくする必殺技はどんなことでしょうか。

それは、笑うことです。いい人相とは、人が笑っている状態を指します。自己啓発の本にもよく書いてありますから「そんなことか」と思うかもしれませんが、とても重要なことです。

あなたは最近、いつ、お腹から声を出して笑ったでしょうか。

「この頃笑っていないな」と思ったら、そのこと自体、運の流れが停滞していることを表しています。

ですが、声を出して笑えば、停滞した流れは一発で変わります。

心の底から笑う習慣をぜひ持ってください。

それだけで、人相は必ずよくなっていきます。

声でわかること

僕は、人の声を聞くだけで（ある程度いつも声を聞いている人であることが前提ですが）、その人の、上半身の病気がわかります。また、その人の運気、今置かれている状況もわかります。

たとえば、僕の店のスタッフの子と、朝、「おはよう」「おはようございます」とあいさつすると、「お、お前そろそろ彼女ができるな」とわかることがあります。反対に、彼女とうまくいっていないときもわかります。

「なんでわかるんですか？」と聞かれますが、声にはその人の運勢がとても顕著に出るのです。

諦めているかどうかは声に出る

次のふたつの言い方を思い浮かべてください。

「自分は将来成功したら、ハワイに別荘を建てようと思っています（暗く低い声で）」

「自分は将来成功したら、ハワイに別荘を建てようと思っています！
（明るくはつらつとした調子で）」

実際にハワイに別荘を建てる人はどちらだと思いますか。

答えは、ご想像通り、明るくはつらつとした言い方の方です。声を聞いただけで、その人の運勢がいいのか悪いのかは即座にわかるのです。

もしあなたが人前で自分の夢を語る機会があったら、その夢がすでに叶ったことだと思って力強くしゃべってください。

人間が口から出す言葉には「言霊」と言って、魂が宿ります。その魂は必ず現実に向かって突き進みます。ですから、夢を言葉に出すと現実に叶いやすくなります。このとき、めりはりのある声でしっかりしゃべっているかどうかということも、とても重要なのです。

力強い声で話せば、成功する運勢を声にのせることができ、語っている内容の信憑性が高まります。

僕の占いに来るお客さんにはさまざまな人がいます。たとえば暗く沈んだ声で「旦那が働いてくれないし、子どもも言うことをきかない。私も仕事が決まらない。私は幸せになれますか?」という女性がいます。彼女は幸せにはなれません。彼女は何かを問う前にすでに諦めているからです。

しかし、同じ悩みを持っていても、明るく「私はどうしたらいいですか?」と、はきはきと話す人もいます。彼女は絶対に諦めていないので、幸せを掴む可能性は高いです。「いや、こんなもんじゃない」と思って踏ん張っている人たちは、声のトーンを聞くだけでわかるのです。

あなたが今シングルで、もし、今、目の前にいる異性とこの先つき合っていっていいのかどうか迷っているという人は、一度目を閉じて、その人の声を聞いてみてください。「ああ、この声には張りがある。それになんだか奥行きがあって、深みのある声だな」……そう思ったら、彼（彼女）はアタリです。

声を出す練習をする

いい声を出すには、練習することが大切です。とくに、声に出して本を読むことが、声を鍛えあげるいちばんの方法です。

お子さんがいる方は、なんといっても、子どもたちに本を読んであげることがいちばんの練習になります。子どもが夢中になって聞いてくれるように、主人公になりきって、喜怒哀楽の感情を込め、プロの語り手かと思うくらいにやってみましょう。そうすれば子どもたちも喜ぶし、自分の運勢を上げることもでき、まさに一石二鳥です。

忙しいお父さんやお母さんの中には、本を読んであげるのは面倒くさいと思う方もいるようですが、毎日本を読んであげることが自分の運勢を上げることにも直結するんだと思えば、できるのではないでしょうか。

そう考えてみると、子育てで育っているのは子どもではなくて、じつは、親なのですね。**子どもという存在はすでに完璧に出来上がっている存在ですが、親は、子どもを通して親へと成長している途中**なのですから。

「すべての子どもには親が必要」なのではなくて、「親にとって子どもが必要」なんだなと思います。

これは余談になりますが、赤ちゃんはどうして夜泣きをするか知っていますか？

それは、家の中に入ってきた災いや、お父さんやお母さんが持ち帰ってきた厄を、一生懸命に追い払っているんだそうです。

災いや厄は鬼の形をしていますが、鬼は、子どもの泣き声をとても嫌うのです。だから、赤ちゃんは全力で泣いて、鬼を払う。特に、「陰の刻」といって丑三どきに入り込んでくる鬼はいっぱいいますから、その鬼を追い払うおうと、赤ちゃんは精いっぱい泣くのです。

つまり、**家族の幸せのために戦ってくれている**のです。

だから、夜、眠れなくてつらいこともありますが、いい声でいっぱい泣いてもらってください。


「うちには子どもがいません」という方は、僕がカラオケボックスを経営しているから言うわけではありませんが、カラオケに行くといいでしょう。

ひとりでも大勢でもかまいません。大きな声で歌うことは、自分の感情……鬼気、怒気、覇気を声に乗せて伝えるいちばんいい練習方法なのです。もしあなたが恋愛・結婚で悩んでいたら、もちろんラブソングを歌うのがおすすめです。

持ち物からわかること

ペンと手帳を替えるだけで、運勢は変わる

お金持ちの共通点は、考え方や行動だけでなく、外見や持ち物にも現れます。

僕がいちばん最初に見るのは、会社の社長さんなら、手帳とペンです。

やたらに忙しい忙しいと言って、いろいろなものがはさまった分厚い手帳を持ち、なんやかんやとグチを言う社長さんたちは、お金があるか、幸せかと言う前に、僕は病気を疑います。情報管理ができていない人たちは、忙しいだけで身にならず、病気になっている人が多いのです。ですから、スマートな手帳であることが、運のいい人だと言えます。

ペンも重要です。今まで見てきた中で、仕事運がいい人のほとんどがペンにお金をかけていました。サラリーマンの方も、いつも持ち歩くペンは、少し高価なものを意識して買ってください。上等なペンを身につけるだけでも、仕事の流れは変わってきます。

四角い時計は「角」が立つ

そして時計です。これは高価なものを身につける必要はありません。こだわるべきは形です。

僕が見てきた経験上、四角い時計はよくありません。特に角時計をつけている女性は、「あとちょっとで結婚できそうなのにできません」というパターンが非常に多かったです。仕事の人間関係のトラブルでイライラしている人や、従業員が居着かないという経営者も、角時計をつけていることが多いです。

形には古くからすべて縁起が入っています。角時計が絶対にいけないとは言いませんが、**四角という形は「角が立つ」**という縁起があります。反対に、**丸という形は、ものごとを丸く収める**という能力を持っていると言われます。ですから、丸時計を身につけてゲンをかつぐことで、運勢の流れをコントロールするわけです。

今いい人がいないと悩んでいる女性、男性、人員不足で悩んでいる社長さんは丸い時計をつけてください。丸を別の言葉で言うと「円」です。つまり、「縁」をつなぐのです。そういった意味でも、僕は丸時計を勧めることが圧倒的に多いです。

お金の流れを変えるおまじない

時計に関して、仕事やお金の流れをよくしたいときのおまじないがあります。理由と根拠はないのですが、お金もかからず、やってみて結果が出ている人がたくさんいますから、お勧めします。

時計は、電波時計ではなく、手動で動く時計を用意しましょう。そして、午後3時の時報を聞いた瞬間、ぱちんと正確に3時に合わせてみてください。そうするとお金の流れを変えることができます。

風水では、午後3時は未《ひつじ》が巡る時刻になります。未はお金を左右する力を持った干支なので、お金の流れを味方につけたいときは、時報の3時に合わせて時計を合わせなさいと言われているのです。

僕は借金を返済している時期に、必死になって、このおまじないを毎日やっていました。借金が完済できたのは、このおまじないも少しは関係しているのかなと思います。

お金がない人の財布の共通点

そして、最終的に見るのは財布です。105ページで述べた通り、どのような財布を使えばいいのかという答えはありません。ですから、長財布だからいい、折り畳み財布だから悪いとは言えません。

しかしお金がない人たちの財布には共通点があります。

・財布の中が汚い
・財布の中に2つも3つもお守りが入っている
・通帳を持ち歩いている
・3年以上使ってぼろぼろ、または壊れたまま使っている
・財布の中のお札が上下逆さまを向いている

昔、有名な風水師の方が「財布の中にお札を入れるときは、頭を逆さまにしてください。そうするとお金が出ていかなくなります」とテレビ番組で言っていました。

ハッキリ言いましょう。そんなわけありません。出ていってほしくないお金ならば、銀行に預けてください。

財布の中に入っているお金は、出ていくことが前提です。逆さまに入れると、お札の頭

に血が上ってカッカしてしまい、かえって衝動的にお金を使うことが増えると言われています。財布の中には、出て行く前提で必要なだけのお金を入れて、スマートに使ってください。

以前、「俺、今、めっちゃ金持ちですよ」と言う人が出した財布が、チャックも閉まらないくらいパンパンにふくらんでいて、「ああ、この人がお金を持っているのは一時的なことだな」とわかったことがありました。

また、お金ではなく、ポイントカードやらレシートやらを入れすぎて閉まりきっていない場合も、今もこの先も運勢はパッとしません。「恋人が欲しいのですが、いい人がいません」と言う人がぽんと出した財布がパンパンにふくれていたら、僕は「春は遠いですね」と言います。

財布は常にスッキリと整理しておくのが大事なのです。

小指につける指輪はＮＧ

アクセサリーのこともお話ししておきましょう。

運勢的にとくに意味があるアクセサリーは、指輪です。

僕の統計では、「彼氏ができない」という相談に来るお客さんの女性に、小指に指輪をしている人がかなりいました。じつは、小指の指輪は恋愛にはタブーなのです。

よく言われていることですが、恋愛というのは、縁があるからその人と出会うわけです。縁があって出会ったふたりは、絆を作っていきます。絆ができあがったときに、初めて結婚というものにつながっていきます。

今この話の中で出てきた漢字、すなわち「縁」、「絆」、結婚の「結」。すべていとへんです。「運命の赤い糸」なんてロマンチックなことを言うつもりはないですが、縁というだけあって、これは確かにそういう糸が存在していると言われています（赤いかどうかはわかりませんが）。そして男女問わず、人とつながるときの糸というのは、必ず小指から出るとおばあちゃん先生たちから習いました。小指から出ていて、その小指から出ている何本かの糸の中から、運命の人が出現するのだそうです。ですから、小指に指輪をしてしまうと、その縁を最初から封じることになってしまいます。

では、結婚した人たちがなぜ薬指に結婚指輪をするのかというと、ほかの人たちと縁がつながらないように、指輪でその糸を封じてしまうためです。だから、浮気する男女は必ずこの指輪をはずして浮気します。

ただ周りに「私は結婚しています」とアピールしているだけではなく、この指輪をつけることで、配偶者以外の人とはもうつながらないようにしているのです。

結婚していない、彼氏もいない状態で最初から指輪で縁を封じてしまっていると、出会いすらなくなってしまいます。「小指に指輪をすると恋愛運や結婚運が上がる」などと言われることもあるそうですが、それはアクセサリー業界が占い業界と結託して作っただたの迷信でしょう。なぜかと言うと、ひと昔前の人たちは、そんなものをつけなくてもみんな結婚していたからです。

ここ数年、結婚運が上がると聞いて小指に指輪をつけるようにしています、という人に、幸せな結婚をしているなと思う人はあまりいません。たぶん、年齢が上がってくると藁《わら》にもすがる思いになってあの手この手と試してみたくなるのでしょうが、小指に指輪をつけると逆効果だとお伝えしています。モテモテの女の子で小指に指輪をつけている子も、見たことはありません。

第4章

運を開く考え方

人は勘違いで成功できる

仕事で失敗したり、周りと比べて「ああ、自分は無能だな」と落ち込んでいるとき、周りから「元気がないね」と言われたことはありませんか？

暗い顔をしていると、暗いだけでなく、実際に不細工になっていきます。そして悪い連鎖が重なり、悪い事実がどんどん現実化していきます。

「自分は本当にダメだ、何をやってもうまくいかない」と落ち込んでしまったときは、恋愛をしていたときを思い出してみましょう。

「もしかしたら、俺、この人と両思いかもしれない」

そう思ったとき、どんな気持ちがしましたか？　おそらく、まるで〝世界は俺のもの！〟〝私のもの！〟というくらいすべてが輝いて見え、何もかもうまくいくような気がしたはずです。

何もかもうまくいくというのは実際には勘違いなのですが、でも、キラキラと高揚した感覚や、あふれ出る自信や喜びは、幻ではありません。

誰でも最初は勘違いからスタートする

じつは、前向きな勘違いは大いにけっこうです。

恋愛の高揚という勘違いが生み出す万能感も、人にとてつもない自信を与えてくれます。

芸能人やプロスポーツ選手も、最初は勘違いから始まるのです。

野球でメンバーが足りないとき、監督に「おい、お前いい肩してるじゃないか。才能があるかもしれないから、うちで野球やってみないか」と声をかけられ、すっかりその気になる。そこからマジになって必死に練習した結果、本当のプロになっていくわけです。

歌手もそうです。「うまいうまい。歌手になれるよ」と、周りは軽い気持ちで言っていたとしても、本人が「私、もしかしたら歌手になれるかもしれない」と本気になったとき、勘違いのパワーが生まれ、その延長線上にプロという道があるのです。

だからみな、**勘違いしていいし、最初は人から笑われてもいい**のです。

僕の占いもそうです。占いを通して元気になった人たちを見て「俺、占いの才能があるかもしれない……」と思いました。けれど、それも先生たちに言わせたら勘違い（笑）。「あんたはまだ占いのウの字も知らないんだから、才能なんかあるはずないだろう」とコケにした先生もいましたが、

「そうじゃない。それでいいんだ。勘違いから入りなさい。

今日、どこかの占い師に1万円払って泣かされて帰る人がいるかもしれない。

そして同じ今日、あんたの占いを受けて笑って帰る人がいたら、あんたが勝っている、ってことだよ」

と言ってくれた方もいました。そこで、

「よし、勘違いのまま突っ走ろう」と思って12年経ち、今の自分があります。

運を開きたければ……

勘違いでもいい。自分は行けると思い込んだ者勝ち！

お金持ちは慢心しない

占いに来るのは、なぜ女性が多い？

僕のお客さんは8割が女性です。残り2割の男性は、経営者の人ばかりです。サラリーマンや商店主など、一般的な職業の男性はあまり占いに来ません。その理由をご存知でしょうか？

男性は一般的に合理的な人が多いので占いなど信じていないから？　違います。男性は女性よりも、小心者だからです。言われたことを、めちゃくちゃ気にするのです。だから逆に、男性は一度占いにハマると、ドハマりします。

度胸があって、「何を言われても関係ない」と思っている人は、最初から占いに来るはずもありません。ただ、こういう人たちは、怖いもの知らずなだけに、用心深くありません。ですから、社長になってもひたすらイケイケどんどんでいってしまいます。そのため、3年、5年ですぐにお金がなくなってしまう人もいます。

優秀な経営者の方は、用心深く、恐れることを恥ずかしがりません。恐れるということは、先を見る目があるということです。今よくても、これが10年続くとは限らない。その先のことを常に考えているのです。いくら周りが、「今、こんなにいいんだからそこまで考えなくてもいいじゃないか」と言っても、「いや、このままいくとはないから」と、常に先を見据えています。

臆病で、「もしこうなったらたいへんだ」と怯えているから、対策を考えるのです。**臆病であることはひとつの能力**です。野生動物を思い出してください。臆病で常に警戒している動物がいちばん長生きします。

人間の場合、勇敢な人は一見かっこいいのですが、「石橋？　こんなもの、走っていけば渡れるさ」と言って走り出してしまい、ぼとんと落ちてしまったりする。逆に、臆病すぎて叩いても渡らない人たちもいます。

生き残るのは叩いて安全を確かめてから、しっかりと歩んでいく人たちです。そういう人たちは占いをバカにしません。

人の歴史の中でいちばん古い学問のひとつ

昔、ある大きな会社の社長さんがいらっしゃったときに、「なんで社長は占いに来るんですか？」と聞いたことがあります。

すると逆に、「なんで崔先生は自分で占いをするのに、そんなことを聞くの？」と質問されました。僕は返答に困ってしまいました。そんな僕を見て、この方は言いました。

「いいものは残り続けるんだよ」と。

車のメーカーもそうですし、ペン1本とってもそう。古くからある老舗の造り酒屋など、いいメーカーのものは、ずっと残るのだと。その上で、

「人が作りだしたものの中で、いちばん長い歴史を持つ学問は、なんだか知っていますか？」と聞かれました。

「なんですか？」と聞くと、

「天文学や易学。つまり占いのことなんだよ」と言われたのです。

確かに、占いがまったくの迷信で不確かなものならば、長い歴史を超えて占いが現代まで生き残っているわけがありません。確かな力があるからこそ、ときの王様や、ビジネスの経営者といった人たちも、占いの力を自分たちの人生に取り入れてきたわけです。その歴史は4000年以上にわたっています。

「それが占いに来る根拠ですよ」と、社長は言いました。

今は、人の心の弱みにつけこんで、占いと称して何かものを売ったり、お祓いするから何十万円払えなど、やましい人たちがいることも確かです。胡散《うさん》臭く感じるのも無理もないかもしれません。ですが、そもそも占いは人の社会を発展させるために作られた知識のひとつです。「だから私はそういうものを、絶対バカにしない」と社長さんはおっしゃいました。

ああ、なるほど。だからこの人たちはお金をたくさん持って幸せに生きているんだろうな、と思ったものです。

運を開きたければ……

歴史あるものの力を信じよう

自分の「穴」を掘っていくと、魅力が増す

その人の心からにじみ出る魅力のことを、僕は穴と呼びます。漢字で「穴」です。

じつは漢字の穴は、人間の後ろ姿を表しています。

穴という字の中には「八」という数字がありますね。八は、数命学上で末広がりとしてたいへん縁起のいい字とされています。穴という字が背中だとすると、八は肩甲骨です。肩甲骨が広がっていることを示しているのです。

実際、人は胸を張るだけで、背中に八という数字が現れます。

背中にはその人のすべてが出るということは前にも話しました。

つまり、人はみな、それぞれの穴を持って生きているということです。

自分の穴を掘っていく

昔、僕の占いのお客さんで、ある年配の経営者に、「先生の話は深くていいね。どうやったらそういう人間になれるんだ？」と聞かれたことがありました。僕は、そういうふうに思ってくれる人もいるんだと嬉しく思いながら、「でも社長、あなたも深い穴をお持ちですよ」と答えました。

魅力のある人間になりたいのなら、自分の穴を掘っていきましょう。穴は、深ければ深いほど、深い魅力となっていきます。

穴を深くするには、同じ場所をひたすら掘り続けていくしかありません。繰り返し繰り返し、同じ穴を掘り続けるしか方法はないのです。

よくあるのは、こっちの穴を掘ってみて、ちょっと固い地盤が出てくると、あっちのほうが楽そうだぞと、あっちに穴を掘ってみて……と、たくさんの穴を掘り散らかしている人。穴はいっぱい持っているけれど、中身が薄く、浅い人間にしかなれません。

ひとつの物事やひとつの仕事をひと筋にずっと掘り下げていった人には、必ず深みが生まれます。経営者であろうとサラリーマンであろうと、農家であろうと芸術家であろうと、同じです。自分の穴を深く深く掘り下げていくことが魅力につながるのです。

穴を掘っていく過程で、ある人は石油を掘り当て、お金持ちになります。温泉を当てる人や、金《きん》が出てくる人もいます。

しかし大半の人たちは、長い人生をかけて穴を掘り続けても何も出てきませんし、大金持ちにもなれません。

それは損なことなのでしょうか。骨折り損のくたびれもうけなのでしょうか？

いいえ、魅力の穴をただひたすら掘っていって、深く深くしていくことが人として大事なのです。なぜなら、**そこに落ちてハマる人が必ずいる**からです。

誰もがおいしい食べ物を見つけると、その食べ物にハマります。タレントや芸能人など、ああ、この人いいなという人を見つけたら、その人にハマります。落とし穴があれば、人はそこにハマるのです。

近くを通りかかった女性があなたの穴に落ちたら、それはすなわち「恋に落ちた」ということです。

知り合う人みんながあなたにハマってしまうのなら、あなたの穴はそれだけ深く、大きくなっているということです。

穴を掘り続けた先にあるもの

ちょっと恥ずかしいのですが、僕自身の話をさせてください。

九州に帰って商売を始め、しばらくたった頃、高校の同窓会があったので、懐かしい顔に会いたくて、久しぶりに参加することにしました。

当日、昔の友達と旧交をあたため、お酒も回ってきた頃、参加者のひとりが僕にからみ始めました。

「崔、おまえ、商売をやってるって聞いてたけど、いつの間にか占い師になったらしいじゃないか」

「いや、俺は占い師じゃなくて商売人だよ」

「いや商売人じゃなくて占い師だろ（笑）」

しつこく、からんできます。周りの人間もゲラゲラ笑っていました。

なんだ、これは。僕は頭にきて、その場で踵《きびす》を返してひとりで会場をあとにしました。

すると、「待てよ！」と、僕と仲のよかった友達が追いかけてきました。

「崔、気にするな。あいつら、おまえが妬ましいだけだよ。そんなことで感情的になるな」

「そうかもしれんけど、あんなふうに笑われたら腹が立つよ。もう占いなんかやめるよ」

「おまえ、あいつらに笑われたから占いをやめるって言うのか？　そしたらおまえがこの先何で成功しても笑われる人間になるぞ。占いで笑われたなら、占いで返すしかないんじゃないか？　笑われなくなるまで続けてみようって、思えないのか？」

今思うと、このとき追いかけてきてくれた友人に、感謝の気持ちしかありません。もし僕が頭にきて占いをやめていたら、その後何をやったとしても、何かしら言われ続けていたでしょう。

僕は、占いが好きかどうかを考えると、占いそのものよりも、それを通して元気になってくれるお客さんの顔を見るのが好きでした。その手段としての占いであって、もしこれが手品であったら、手品でもよかったのだと思います。でも僕はすでに占いをやっていて、喜んでくれるお客さんがいる。何もバカにされるようなことはしていない――。

人に笑われたからやめるという判断を下そうとした自分の考えはなんと浅はかだったことだろうと、思い知りました。

それまで、占いをやっていることに少なからず迷いの気持ちがありましたが、これで完全に吹っ切れました。これ以降、占いというものに本当に向かいあって掘り進めていくことを、この友人と、たくさんのお客さんに対して誓いました。

そして12年が経ちました。

その穴を掘っていく過程で、年間２０００人から３０００人近いお客さんがついてくれました。あのときに笑った同級生たちは、今では何も言わなくなりました。それは、僕の穴が深くなったからだと思います。

穴をさらに深く掘り続けていく中では、「もしかしたら、こんなことは無駄かもしれない。遠回りかもしれない」と思う気持ちが出てくることがなかったわけではありません。

それでも、掘り続けていたら、ある日、僕の穴に、我が妻が落ちてきました。

妻は僕に言います。「あなたにハマっています」と。ならばこの先、彼女が僕の穴にハマり続け、逃げ出さないためにも、僕はこの穴をもっともっと深く掘り下げていくしかありません。

僕だけではありません。誰もが背中に穴を持っています。

昔、ある親子が僕のところに来て言いました。

俺、おやじみたいになりたくないんです。あんな出世もしない、向上心もない、毎日家と会社を往復して週末は酔っ払って寝転がってるだけの人間になりたくない。俺は金持ちになりたいんです。どうすればなれますか？

そう言う息子を見て母親が、「えらい！　よく言った！　あんた、お父さんみたいになったらいけんよ」と喜んではやし立てています。

この親子は、何もわかっていません。このうちのお父さんが、なぜ、家と会社を往復する人生を続けてこられたのか。なぜ、当たり前のことを、雨の日も風の日も、40年間も、ずっと続けてこられたのか。

それは、あなたたちがいたからじゃないのか。

このことに気づかずに、40年間続けてきたサラリーマン人生の背中を笑って成功する人間なんて誰もいません。

どんな穴でもいいのです。信じて、掘り進めてみてください。

その穴が、いつかあなたを助けてくれる日が来ます。

運を開きたければ……

魅力の穴を掘り続けよ

本当にすごい人とは

僕は職業柄、「すごい人」と対談をさせていただくことがあります。

本当に素晴らしい方々ばかりなので、若輩者の自分がそんな方と対談をするなんて、と恐縮することもあります。先日、気功家の中健次郎先生と対談させていただいたときも、同じような想いを抱きました。

では「すごい人」とはどんな人でしょうか。みなさんはどう思いますか？

10億円持っている人でしょうか、ハワイに別荘を持っている人でしょうか。それとも1000人の弟子を持っている人でしょうか。

もちろん、どれも違います。

たとえば、僕のところに相談に来られる方の中で、ご家族にうつの方がいたり、心の問題を抱えている方がいるときに、僕はいつもこう尋ねます。

「その問題を抱えている子（あるいは、夫、妻、親）を抱きしめていますか？」と。

「愛」という字を思い浮かべてください。前も言いましたが、真ん中に「心」があります。抱きしめていないと、この「愛」の「心」の位置がどんどんズレてしまいます。一段下にズレてしまうと、胃や腸に「心」が下がり、過食症や拒食症になってしまいます。

さらにズレてしまうと、女性であれば子宮に至り、子宝に恵まれなかったり、セックス依存症になったりします。

逆に、「心」が上にズレることもあります。たとえば宝くじで1等が当たると、嬉しくて「心」が頭までにズレてしまい、お金はあるのにそれに依存し執着し、人生がおかしくなってしまうこともあります。


「愛」のない人は、心があらぬところにズレてしまうのです。


ですから、お子さんの問題を抱えている方にいつも聞くのは「お子さんを抱きしめていますか？」ということです。お子さんをしっかりと抱きしめてあげると、「心」がちゃんと胸の位置に戻ってくるのです。

僕は、家で妻と子どもたちが待ってくれています。両手を広げて、僕の帰りを待ってくれています。僕はいつも抱きしめます。

「妻」という字を思い浮かべてください。そして、妻が両手を広げている姿を想像して、

「妻」という字の横に両手を描いてみてください。いかがですか。「凄」という字になりますね。じつはこれが本当に「すごい」ということなのです。

どんなにお金を持っていても、このすごいことは、買うことができません。**本当にすごいことを、あなたも本当は持っている**のです。

どうぞ大切な人を抱きしめてください。お子さんをすごい子にしたい、旦那さんをすごい人にしたい、大切な人をすごい人にしたい。そう思うなら、胸にしっかりと心をもった「愛」で包んであげてください。抱きしめること、そして、そんな大切な人がいるということが、本当にすごいことなのだと、皆さんにどうか気づいてほしいと思います。

このことに気づいたときに、「あんたはすごいね」と初めて先生にほめられました。「そんな奥さんがいるっていうことが、本当にすごいことなんだよ」。

忘れられない、先生の一言です。

運を開きたければ……

抱きしめることのすごさに気づこう

運を引き寄せる、感情の秘密《その1》

人には、喜怒哀楽《きどあいらく》の感情があると言われます。

その中で、お金持ちでなおかつ幸せで、優秀な経営者が使わない感情があります。

「怒」です。

ある事件

僕が東京から九州に帰るときに、先生からこう言われました。

「怒からは後悔と破壊しか生まれない。だから、私はあんたから〝怒〟を取ってしまうよ。

今日から〝喜哀楽〟で生きなさい」

僕は「またよくわからないことを言い始めたな」と思いつつ、わかったふりをして聞いていました。

その後、僕は九州に帰郷してお店を始め、半年が過ぎた頃のことです。

開店当初から働いていたスタッフの18歳の男の子が、問題を起こしました。

彼は半年間で40回以上も遅刻してきたのです。最後は40分遅刻して、スタッフはみなカンカンに怒りました。

「社長、こいつクビですよ！」

みんながそういう雰囲気になったので僕も「わかった」と言うほかありませんでした。でも遅刻魔の彼は必死に「すみません、すみません」と言いながら制服に着替えて働こうとしています。

僕は彼のタイムカードをポイと捨てて、「君はクビだ」と宣言しました。「君の言い分は社会で通用しないし、みんなに迷惑をかけているから辞めてもらう」と。

すると彼が捨てたタイムカードをゴミ箱から出し、「僕は辞めたくないです」と言うのです。

「辞めたくないじゃなくて、経営者の俺が君はクビって言っているのだから辞めてくれよ」

彼ががんこなので僕は頭にきて、彼の制服をつかんで脱がせようとしました。彼は激しく抵抗しました。

「この店が好きなんで、辞めたくないんです！」

「そんなの関係ないだろう！」

ふたりでつかみあって大騒ぎしていると、スタッフの子が「すいません、社長の携帯電話がずっと鳴っています」と僕に伝えに来ました。僕は怒って気持ちが高ぶっていましたから「今は持ってくるな！」と言ったのですが、スタッフは「緊急なんじゃないかと思います。ずっと鳴ってるし」と言います。発信元を見ると公衆電話でした。

公衆電話からの電話は滅多にありません。しかたなく出ると、なんと、東京にいる先生でした。先生は元気のない声で、

「ごめんね。あんた忙しかったんじゃない？」

「いや大丈夫ですよ。先生こそどうしたんですか」

「じつは、失くしものをしてね」

先生は当時90歳くらいでしたから、僕は「うわー、ばあさんついにボケて、通帳なくしたとか、判子なくしたとか言うんかな」と思いつつ、「どうしました、何を失くしたんですか？」と尋ねました。先生の答えは意外なものでした。

「あんたが東京から九州に行くときに、私はあんたから〝怒〟っていう感情を取り上げた

はずよね。でも私の手元に〝怒〟がないんよ」

僕の背中に冷たい汗がすーっと流れていきます。先生は続けました。

「家でも会社でも、怒鳴りまくっている人は家や会社を潰すけね。あんた会社を潰したい？」

「いや潰したくないです」

「そうね。なら返して」

「僕、持っていたのかもしれないですね。お返しします」

すると先生は「うん、じゃあね」とガチャンと電話を切ったのです。


先生との電話の後、改めて遅刻魔の彼と話し合いました。

彼は「僕、続けたいです」と言ってきません。「でもみんなが納得せんよ」と言うと、「これから先、僕が1分遅刻してきたら時給から1000円引いてください」と言います。ちなみに時給は880円でした。そこまで言うのなら、と僕が折れ「いいよ。それだけの覚悟があるんだったら働いてもらおう」ということになりました。

それから12年が経ちました。彼は今では就職してちゃんとした仕事についていますが、その傍《かたわら》で、今でも僕の店でたびたびアルバイトをしてくれています。「月1回でも2回でも来たい」と。

年末の忙しい時期に、スタッフが妊娠した、卒業する、就職が決まったなどといった理由で一気に辞めたときも、彼が昔のアルバイト仲間に片っ端から電話をかけ、

「年末に休みはある？　店がたいへんやけ、お前出てきてくれんか」

と人を引き連れてきてくれました。その姿を見たとき、

「この子がおらんかったら、たぶんうちの店は11年ももたなかったな」

と思いました。そして今になって、「そうか、先生はこのことを言っていたんだ。だから〝怒〟を取り除けと言ったんだな」とわかったのです。

先生の最後の教え

この話にはさらに続きがあります。

時は少しさかのぼって、僕が、借金返済などしんどいことが続いていた頃のことです。大学で４年間一緒にラグビーをやり、一緒に寮生活をしていた友達が癌で亡くなりました。まだ29歳でした。

彼が癌だと聞いたとき、僕はまさか死ぬとは思わず、本人も「俺は絶対死なんから、見

舞いとか来んでいい」と言っていました。しかし1年ほどの闘病の末、亡くなってしまったのです。

僕は東京で行われた葬式に参列し、火葬場で彼の骨を拾いました。1年の激しい闘病生活で骨がすかすかになり、拾える骨がほとんどありませんでした。

「お前ともっとやりたいことがあったのに。なんで……」

やりきれない気持ちを抱え、「そういえば運気が落ちている時期は周りで悲しいことがよく起こると先生が昔、話していたな」とぼんやり考えながら九州への帰路につきました。そこへ、携帯電話に電話がかかってきました。先生のお弟子さんでした。

「崔さん、聞いてないかもしれないけど、先生今、末期癌なんよ。もうあとどれぐらいもつかわからない。あんたに会いたいって言ってるから、来れない？」

なんということか。悪いことは重なるものです。僕は慌てて東京にとんぼ返りし、そのまま病院に行きました。先生はベッドの上にちょこんと座っていました。

「やっと来たね。あんたに教えてやれなかった話、いっぱいしてあげる」

先生はいろいろな話をしてくれました。しかし、もう残された時間はほとんどないと聞いていたので、僕は先生の話は上の空で、悲しい気持ちで胸がいっぱいになっていました。先生は僕にとって第二の母のような人でしたから。

僕はたまらず、尋ねました。

「……先生、死ぬんよね」

「あんた、勘違いしたらいけんよ。私が今、どれだけ幸せか知っとう？」

「いやわからん」

「私、癌で死ぬるんよ。私は96歳まで生きてきていっぱいの人にお別れができる。あんたもその中のひとりやろ。脳溢血や心筋梗塞やったら何も言い遺すことのないまま死なないけんかった。だから私、幸せでたまらんのよ」

先生は続けます。

「顔が不細工でも金持ちでも、死は絶対平等にくる。良いも悪いもない」

「まあそうやね」

「つらいんやろう」

「そりゃつらいですよ。大事な友だちが死んだばかりで、その上先生まで逝ってしまうなんて。やっぱり悲しいよ！」

僕が嘆くと、先生は、最後にこれだけは言っておきたいと言って、話し始めました。感情の話でした。

「私は、喜怒哀楽の中で、いらない感情がひとつあると言ったね」

「〝怒〟でしょう。今でも使うことがときどきあるけど、使わないように努力はしてるよ」

「そうやね。でもね、もうひとついらない感情があるんよ」

「何？」

「哀しむことがいらないんよ」

哀しむのは、哀しいことが実際に起きたときでいいというのです。これから哀しいことが起きるんじゃないだろうか、嫌だ、どうしようなどと考えていると、人の感情はマイナスに傾き、運が弱くなってしまう、と。

「死ぬのは私なのに、なんであんたがそんな哀しい顔をするの。あんたのその顔からは、幸が逃げていくよ」

そこまで言うと容体が急変し、ご家族やお弟子さんが呼ばれました。

大勢の人に囲まれながら、先生は僕に向かって声を振り絞って言いました。

「つらいなと感じるときこそ、喜怒哀楽の感情から〝怒〟と〝哀〟を取り除きなさい。そうすれば、人間はね……」

それが、先生の最後の言葉になりました。


その後僕は通夜に行き、葬式には参列せずに帰途につきました。

九州に向かう帰りの飛行機の中で「運気が落ちているときってこんなんばっかりだ」と、暗い気持ちで思いながら、ふと、「先生は最後になんて言ったんだろう」と考えました。

その途端、パッと思いつきました。

喜怒哀楽から怒と哀をとったら、残る字は――

喜楽です。

先生は「喜楽《きらく》に生きなさい」と言ったのです。

つらいとき、うまくいっていないときこそ、怒ることも哀しむことも考えず、喜楽に生きろと最後に言ったのです。

考えてみると、喜怒哀楽の中で、怒と哀という感情は何もしなくても自然に湧いてきます。しかし、喜びや楽しみは、自分から動いていかないと、ただ待っているだけでは、なかなか向こうからやってきてはくれません。

ですから人は、怒と哀という感情を捨てた上で、自分を喜ばせたり、自分を楽しませようと、努力しなくてはいけません。

そして、そうやって生きていると、運が強く、幸せを引き寄せる人になっていきます。

このような生き方を、先生はわかりやすく、**「喜楽《きらく》に生きる」**と表現したのだ、そう思います。

運を開きたければ……

怒と哀を捨てて、喜楽に生きよう

運を引き寄せる、感情の秘密《その2》

「喜楽《きらく》」に生きていると運が強くなります。運が強くなると、嬉しいことや楽しいことを引き寄せる引力ができて、人や物や成功といったものが、勝手にどんどん寄ってくるようになります。

ただそのとき、ひとつだけ注意してほしいことがあります。

女性は、「喜楽」に生きることを心がけて、自分を喜ばせ、楽しませて生きていれば成功や幸せに近づけますが、男性はそれだけではだめです。

「喜楽」に、一字足してみてください。「女」という字です。喜楽の「喜」におんなへんを足すと、「嬉しい」という字になります。

つまり男性は、自分が喜んだり楽しんだりするだけでなく、隣にいてくれる女性（たいてい奥さんだと思いますが）を喜ばせなくてはいけないのです。

あなたが男性なら、自分だけが楽しく笑っていれば運がよくなって成功するなんてことはありません。また、女性を哀しませて運がよくなることもあり得ません。

僕が釣りを趣味にしている理由

僕は今、釣りを趣味にしていて、ほぼ毎週末、釣り仲間と釣りに出かけています。釣りを始めたのは、お金持ちの人たちがよくやっている趣味を試してみて、その中から気に入ったものを続けようと思ったのがきっかけでした。

僕は占いをする中で、お金持ちに人気の趣味に気づきました。

いちばん人気があるのはゴルフです。ほとんどの社長さんがゴルフをやっています。2番目がマリンスポーツ。3番目が登山でした。

そこで3つを同時に始めたのですが、まず、登山を最初にやめました。山は、「岳《がく》」というだけあって、お医者さんや大学の教授など、「学」のある人が好んでやっている気がします。学がある人が岳をめざす、ということなのでしょうか。僕は学がないので向いていないなと思い、すぐにやめました。

次にゴルフです。ゴルフは楽しかったのですが、問題がありました。ゴルフに行っても妻が喜ばないのです。もちろん子どもも喜びません。男は自分だけが楽しんでも「喜楽に生きる」ことになりませんから、これはやるべき趣味ではないと思い、ゴルフもあまりしなくなりました。

となると、あとはマリンスポーツです。その中でも僕は釣りを選びました。なぜなら、釣りなら、自分が楽しむだけでなく、魚を釣って帰って奥さんを喜ばせることができるからです。

でもただ魚を釣ってくるだけではなくて、さらに、釣り仲間と特別なルールを作りました。それは、

一、奥さんを大事にすること。

二、釣った魚は必ず自分でさばいて、家族にふるまうこと。

いくらたくさん魚を釣って帰っても、それをそのまま奥さんに「はい」と渡したら、嫌な顔をされます。魚をさばくのはたいへんですから。そこで、奥さんに負担をかけないよう、釣った魚は自分でさばいて家族に食べさせる。そうすれば、奥さんに負担がかからないし、その日の夕飯のしたくにも頭を悩まさなくていいので、だんなさんが釣りに行くのを喜んで送り出してくれるようになります。

自分も楽しいし、奥さんも喜ぶ、最高の「喜楽」な趣味が釣り、というわけです。

「努力」と「がんばる」の違い

こうして「喜楽」にしているせいか、僕の釣り仲間は、おかげさまでみな、家庭も仕事もうまくいっています。

ただ、喜楽とはいっても、単に遊んでいればいいというわけではなくて、奥さんを喜ばせたり、朝早く起きてでかけたりと、そこにはやっぱり努力もあります。とはいっても、決して無理矢理がんばってやっているわけではありません。

「喜楽」に生きたり、自分の好きなことをやって成功しようとするのは「努力」ではあっても、「がんばる」というのとは少し違う。

がんばるのは、たとえばマラソンをがんばる、というように、はじめからちょっときついことを、負けないように一生懸命やるということだと思います。

でも、喜楽に生きたり、好きなことで成功しようとするのは、はじめから楽しいことですから、がんばっているわけではありません。**がんばらないけれど努力は必要。**それがポイントなのかなと思うのです。

成功と幸せを手にするのに、やりたくないことを必死でがんばる必要はありません。

ただ、努力は必要です。努力とは、自分の好きなことをやって目標に向かっていくことです。

僕のところには、「毎日残業しているのに給料がちっとも上がらない」とこぼすサラリーマンや、「会社の資金繰りが苦しい。どうしたらいいだろうか」と困って相談に来られる方がたくさんいます。

そういう方たちに少しずつアドバイスして行動してもらった結果、今では大成功してすごくお金持ちになった人もたくさんいます。

そんな彼らが、成功した今、口を揃えて言う言葉があります。どんな言葉だと思いますか？

それは、

「成功して幸せになるのが、こんなに簡単なことだとは思わなかった」

です。

自分が成功者になるのなんて夢みたいな話だと思っていたけれど、実際になってみたら、すごく簡単で、楽しいことだった。なんで俺は、こんな簡単なことに今まで気づかなかったんだ。貧乏で不幸になるほうがよほど難しいことだね、と、みんながみんな言うのです。

巷には、成功法則の本だとか、自己啓発本があふれています。

そういう本を読むと、自分は今のままではいけないとか、成功するためには、がんばって自分を変えなくてはいけないという気持ちになってきます。そうやって、たくさんの人が、疲れてくじけそうになる自分を奮い立たせています。

でも僕が声を大にして言いたいのは、**今のままがいけないとか、自分はだめだということは決してない**ということ、そして、**自分が好きなことや楽しいことを始めていけば、成功はおのずと近づいてくる**ということです。

さらに、**もし自分を変えたいと思うなら、苦しい努力をするよりも、楽しいこと、好きなことをしたほうがよほど近道**だ、ということです。とても単純です。成功した人はみんなそれを実感しています。

漢字を見るとわかること

ここまでお話ししてきた中で、ちょっと面白いことがあります。

喜怒哀楽の「怒」、

努力するの「努」、

女性を喜ばせるという意味の「嬉」。

何か気づくことはないですか？　そうです、どの字もおんなへんがついていますよね。

「怒＝女の心を又にかける」

「努力＝女の力を又にかける」

「女を喜ばせる」

運勢に関わる漢字に、どれも「女」という字が出てくるのは、とても面白いなと思います。

漢字を見るだけで、昔の人がいろいろなことを伝えてくれていることがわかります。

婚、姻、妊、娠、嫁、姑、娘、嬢、姫、姉、妃、始、妬……おんなへんの漢字はとてもたくさんあります。これに対して、おとこへんがつく漢字はとても少ないです。

どれだけ女性が運命を左右するかわかりますよね。男の運勢は、女性しだいだということです。

最後に、感情についてまとめましょう。

もしあなたが、今、運勢があまりよくないと思うのなら、「怒」や「哀」という感情を捨て、自分を喜ばせたり、楽しませたりと、「喜楽」に過ごしてください。そうすることで運の強い人になっていきます。

楽しいことも嬉しいこともない、という人は、まずは、明日が待ち遠しくて眠れなくなるような趣味や楽しみを見つけてください。

アイドルを好きになることでもかまいません。植物を育てることでもいいでしょう。なんでもいいので、自分が楽しいと思えることを見つけましょう。

運勢が落ちているからとつらい日々を暗い顔で耐え忍ぶより、喜楽な毎日を送ったほうが、運が強くなります。気づいたときには悪い時期は去り、幸せを引き込む引力が身についているはずです。

運を開きたければ……

つらいことをがんばるのではなく、努力して楽しいことをしよう

神社はパワースポットではない

今、神社めぐりが空前の人気になっています。有名な神社はもちろん、あまり知られていない神社にも、人々が大勢押し寄せるようになりました。御朱印集めもすっかり定番です。

神社に行くこと自体は、もちろん悪いことではありません。しかし、この人気で困ったことも起きています。

僕のうちの近くにある神社の縁起物が、あるときから急に大人気となり、行列に並ばないと買えなくなりました。しかも、その縁起物は販売される数が決まっていて手に入れられない人が多いので、ネットオークションで転売する人が現れました。さらに、そのために、業者がバイトを雇って列に並ばせるようになりました。

その神社は、悩んだ末、その縁起物の販売を停止しました。

こんなことが、今、全国で起きています。

神社というものの捉え方や、人々のマナーが、ちょっとおかしな方向に進んでいるような気がしてしかたありません。

こうなる少し前は、日本人の神社離れが進んでいました。戌《いぬ》の日の安産祈願にも行かない、子どもが生まれたあとの百日参りも行かない。ところが今は反対に、縁結び、子宝、厄除け、合格祈願、商売繁盛などなど、ご利益を求めて多くの人が神社に殺到します。こんなにたくさんの人がああしてくれ、こうしてくれと言ってきたら、神様もたいへんだなあ、と思わず同情してしまいます。

この風潮は、スピリチュアルブームで「神社はパワースポット」という考えが広まってきたからだと思います。

しかしそもそも神社というのは、何かを始めるときに神様の前で決意表明をしたり、日々の生活や現状を報告して神様に感謝の気持ちを述べるところです。ご利益にあやかろうとするのは、本来、ちょっと違うのです。

お金持ちはいつ神社に行くか

幸せなお金持ちの人たちは、ブームに関係なく、日頃から神社によく行く人が多いです。ではどんなときに行くかというと、まず、必ず行くのはその年の終わり、12月の30日か31日です。年の終わりに、「神様、今年1年本当にありがとうございました」とお礼を言いに行くのです。これを、「お礼参り」と言います。大晦日《おおみそか》に僕がよく行く神社に行くと、見渡す限り金持ちだらけです（笑）。

ところが、普通の人は、その年のお礼を言わないどころか、元旦になったら初詣でいっせいに神様のところに押しかけて、「今年もよろしくお願いします！」「今年はいい年になりますように！」とやってしまう。神様も、「わ、なんだいきなり!?」と思いますよね。

初詣というと、大半の人は元旦とか2日に行っているのではないかと思いますが、僕の先生は、元旦と正月二日には神社に行くなと言っていました。ではいつ行けばいいかというと、3日です。三が日のどこかで行けばいいので、3日でいいそうです。

そして3日に行ったら、正月のあいさつや祈願をしなくていい、と。

「え、じゃあ何をするんですか？」と聞くと、「ただ神様をねぎらいなさい」と言っていました。

神様は、大晦日から一日二日にかけて、何万という人たちに「神様助けてください」「今年は○○してください」「いい年になりますように」と頼みごとをいっぱいされています。ですから、3日にもなるとほとほと疲れている。

そこで、最終日の3日にお酒でも持って行って、「神様、お疲れでしょう。今日で終わりですから、これでも飲んで今日はゆっくりされてください」と言うと、神様は、その人のことをいちばんよく覚えていてくれるそうです。これを「ねぎらい参り」と言います。

神様は、これは自分の役割だからと、初詣に訪れる人の話をもちろんしっかり聞いてくださいます。それでも、頼みごともされず、ただ優しい言葉をかけてもらえるとほっとする。そしてその相手のことが印象深く記憶に残る。

なんだか、信憑性のある話だと思いませんか？

神社では「祈《き》八《はち》願《がん》二《に》」で

この初詣の話には続きがあって、1月3日にねぎらい参りに言ったら、次に行くのは2月3日がいいそうです。

2月3日に行って、今年もよろしくお願いします、商売繁盛でがんばりますというと、「おお、あのときのおまえか！　よし任せろ」と言ってくれます。

なぜ2月3日かというと、旧暦でいうと2月3日から新年が始まるからです。1月はまだ前年なので、1月1日に「今年1年よろしくお願いします」と言いに行っても、その1年は1カ月しかないと先生は言っていました。

1月1日の混雑を避け、2月3日に行って新年のあいさつをするのが本当なのだそうです。

「祈願」という言葉があります。

祈願の祈は祈りで、感謝の気持ちを神様に伝えること。そして願は文字どおり願う気持ちです。

神社にお参りするときは、「願」だけでなく、「祈」もするのが基本です。

ところがみんな、神社に行くと願ばかりかけてしまい、祈りを捧げない。

本当は、「**祈《き》八《はち》願《がん》二《に》**」と言って、祈るのが8、願うのは2でいいそうです。先生はさらに、**祈だけでいい**とも言っていました。願ばかりかかえているからみんなパッとしないのだと。だから、神社に行ったら祈りだけ捧げてきたらいいそうです。僕も、そうしています。

パワーをもらいたくなったら

そんなわけで、神社とは本来祈りを捧げに行くところであり、パワーをもらいにいく、いわゆるパワースポットとは少し違います。むしろ、パワースポットとして神社に参拝してしまう行動は少し危ういとさえ、僕は思います。

というのも、神社はその性質上、悩みを持った人も多くやってきます。お金がない、結婚できない、病気がしんどい、子どもを授かりたい、仕事が決まりますように……こんなマイナスな感情ばかり渦巻く場所に行ったら、逆にネガティブになってしまうのではないでしょうか。

では、パワーをもらいたいと思ったらどこへ行ったらいいでしょう?

パワースポットとは、文字通りパワーがあふれている場所です。

たとえば元気いっぱいでワクワクしている人たちが何万人も集まり、みんな笑顔で踊ったり歌ったりしているところ。死にたいと考えているような人はひとりもおらず、明日のことさえこれっぽっちも考えずに、胸をときめかせて過ごす場所。それこそがパワースポットです。そう聞いて、どんな場所を思い浮かべますか？

僕なら、何年か前に行った、少女時代のライブを思い出します。1万人の観衆の中に僕は連れて行かれたのですが、入った瞬間に気づいたことは、人が作りだしているエネルギーです。あの1万人の中で、明日会社に行きたくない、お金がない、自分はこの先どうなるんだろうか、なんて考えている人はひとりもいなかったでしょう。今まさに人の「楽しい」という思いが集中し、爆発せんばかりのエネルギーにあふれていました。

ライブが終わって帰る道すがらでも、ぐちぐちと文句を言っている人なんてひとりもいませんでした。「楽しかったね。絶対また来ようよ！」と、未来の希望を語る人たちの声を聞けるのは最高です。神社があれに匹敵するかと言えば、甚《はなは》だ疑問です。**ライブ会場のほうがよっぽどパワースポット**なのです。

神様を奉る場所というのは、人がそこに依存して、手を合わせ、いいことが起きるだろうと期待する場所になる場合があります。人間ですから、ただ単に感謝の気持ちを伝えるというわけではなく、多少やましい感情を持っているのは当然です。ですから、パワーをもらう場所というより、**感情を浄化する場所**、が本来の意味なのです。

「遠くのパワースポットの神社に行ってきたら、疲れて家に帰ってすぐにばたんきゅ〜……」

それはパワースポットに行ったことになっていません。本当にパワースポットから帰ってきたら、興奮して眠れないものです。

神社に行って、人が元気になることはあまりありません。けれど、ももクロやエグザイルのライブに行って元気になる人はいっぱいいます。それが本当のパワースポットです。

パワースポットめぐりを計画する前に、自分が本当に楽しめる場所、そこに集まる人が楽しいエネルギーに満ちている場所を探してください。

話題の神社に行くよりもそこに行ったほうが、確実にパワーをチャージできるはずです。

運を開きたければ……

神社は感情の浄化をするところ。本当のパワースポットに行こう

神社に行くなら、あさイチに行く

厄年を気にしなくていい理由

一般に厄年は嫌われるものですが、厄年のやくは飛躍の「やく」とも言うくらい、突拍子もなく伸びる人たちもいっぱいいます。

厄年の意味は、「常に慢心せず注意しなさい」という戒めですから、必要以上に気にすることはありません。

ただ、神社で厄落としをする場合は、ひとつだけ注意してください。

厄年の人が神社に厄落としに行くと、逆に厄を拾ってくると言われています。それを避けるために、厄落としに神社に行くときの鉄則は、**必ず朝一番に行って、さっと帰ってくることです**。

「逢魔時《おうまがとき》」と言って、夕方の4時以降は神社には絶対に立ち入ってはいけないと言われています。人が落としていった厄を神社が浄化する時間だからです。魑魅魍魎《ちみもうりょう》が動き出す時間帯だとも言われています。特に丑三《うしみ》つ時——深夜1時から3時までの時間帯はタブーです。

朝になると神社は浄化され、クリアな状態になります。そのときに誰よりも早く、いちばん最初に行って、厄を落として帰ってきてください。昼過ぎの、祈祷の順番が4番目5番目くらいになると、今まで来た人たちが厄を落とした後になります。それを拾ってしまうことになるので、朝一番でなければいけないのです。

通常のお参りもできるだけ朝早く、できるだけ午前中のうちに済ませましょう。

どんなに遅くても午後2時までです。遅い時間になればなるほど落ちている厄や人のマイナスの念を拾いやすくなり、調子を崩す原因になります。

運を開きたければ……

神社で他の人の厄を拾わないようにしよう

お金は人の言葉を聞いている

昔、僕の先生が、お金に関するある実験をしたそうです。今となっては本当かどうかわかりませんが、面白い話なので、聞いてください。

先生の実験

先生は、あるとき、自分の弟子の中で、将来成功していくと見込んだ人たち10人に、ひとり10万円ずつお小遣いをあげたそうです。それも、千円札で10万円。つまり、100枚の千円札を渡して、こう言いました。

「私からの小遣いだ。今日中に使いなさい」

お弟子さんたちはびっくりしたでしょうね。わけがわからないまま、10万円分の千円札をもらい、その日のうちに使ったそうです。しかし、ただお小遣いをもらって使っただけではなく、そのあとで宿題がありました。

「このあと半年間、財布の中に入ってくる千円札の番号を全部メモしなさい」

お札には、「記番号」といってすべて違う番号がついています。はじめに渡された10万円は、一人ひとり、すべての千円札の記番号が控えてありました。

そして半年後に調べてみると、そのとき使った千円札が、自分の財布に戻ってきた人たちが、なんと6人もいたのです。

1度使ったお札が手元に戻ってくるのは天文学的な確率ではないでしょうか。

なんだか信じられないような話ですが、この実験は、「お金は大切に使ってあげた人たちに必ず戻ってこようとする」ということを確かめるものだったと聞いて、思わず笑ってしまいました。

お札の性格

同じお札でも、千円札、五千円札、一万円札にはそれぞれ性格があるそうです。

一万円札はいちばん気位《きぐらい》が高い。そして千円札は「せん」、つまり宣伝、広告マンなのだそうです。

お金は、人が使ったり手渡したりして、常にいろいろな人の財布や、レジや、銀行や、ATMなどぐるぐるぐると世の中を回っています。そして行った先で常にほかのお金たちと出会います。

そうやっていちばんぐるぐると回っているのが千円札なので、千円札はいろいろな情報をほかのお金たちに伝えているそうです。

たとえば僕が千円札をぞんざいに扱うと、千円札は仲間に「おい聞いてくれ」と声をかけてこう言うわけです。

「あいつ、崔って言うんだけど、俺たちにひどいことをするんだ。折り曲げる、破る、しわくちゃにする、レシートやなんかと一緒にしておく、ゴミみたいに扱う。俺、もうイヤだ。あそこには行かない！」

それを聞いた、五千円札、一万円札も「そんなにひどいのか。じゃあ、俺も行くのをやめよう」となります。

反対に、千円札が「俺、あの人のところにもう一度帰りたい」と言ったら、他のお札も「どこどこ?」と食いついてきます。

「あの人、俺たちのことめちゃくちゃ大切に扱ってくれるよ」

お金は常に行き場所を求めていますから、俺も俺もとやってくるわけです。

ですから僕は、レジでお金を払うときには「気をつけてな」「隙《すき》あらば帰って来いよ」と声をかけるようにしています。うっかりお札を折り曲げたりしていたら、「あっ、悪い、気づかなかった。ホントごめん」とあやまります。きっとお札がどこかで、

「なあお前、崔のやつ、レジで金払うときに、なんて言ってくれたと思う？〝気をつけて行ってこいよ〟って、声をかけてくれたんだよ。これはお前、帰るしかないだろう」と、戻ってきてくれると信じているのです。

財布は、世の中を常に旅しているお札にとって、ホテルと一緒です。旅行に行った先の宿が一流ホテルだったらまた行きたいと思いますが、ゴミだらけで汚く、接客も悪いホテルには二度と行きたいと思いません。お金も一緒です。

あなたの財布は一流ホテルですか？　それとも二流ホテルですか？

お金に選ばれる人間になる

お金に関する話をもうひとつ。

お金には「気」が宿ります。お金には、人が強烈な念を込めますから「執着」という気がついてしまうのです。それがどれくらい恐ろしいものかというと……。

たとえばここに500万円の車があります。この車を今すぐ買ってくださいと言われたら、どんなにお金持ちでもちょっと考えますよね。ですがディーラーが、「あなたにだけ5万円でお譲りします。いかがですか？」と言ったらどうしますか？

きっとあなたは、「なんでそんなに安くなるんですか？」と聞くでしょう。

するとディーラーがこう言います。

「じつは前のオーナーさんが、事故を起こして死んでしまったのです。でも10キロしか走ってないし、性能はいいし、とってもきれいですよ。5万円なら超お得ですからぜひ！」

買いませんよね。いくら安くても気味が悪いですよね。僕は10万円もらってもいらないです。

同じことが、お金にも起こっています。

今、あなたの財布に入っている千円札、五千円札、一万円札は、事故を起こして亡くなった誰かが、最後に握り締めていた五千円札じゃないと言えますか？

苦しい生活の中で、誰かが、この五千円札があれば助かったのにと、泣きながら払ってしまったお札ではないと言えますか？　それは誰にもわかりません。

そんなふうに、僕たちの手元に来るまでに、どんなお金にも必ず気が宿っています。だからお金は、意志を持つようになるのです。意志があるからこそ、お金が欲しいのなら、お金のほうから選ばれる人間にならないといけないのです。

金運についての概念はさまざまですが、心の持ちようと考え方ひとつで、それは変わってゆくのです。

運を開きたければ……

お金をいたわり、お金に愛される人間になろう

金運は腐る

たとえば、月給20万円のサラリーマン、月収10万円のパートアルバイトさん、収入ゼロの専業主婦の方……。そういう人と、年収１億も稼ぐお金持ちの人とでは、さぞかし金運が違うだろう、と思いますよね。

ところが、お金持ちは必ずしも金運のいい人とは限りません。実際に手相を見ると、驚くほど金運がなかったりします。まったく、かけらもない人もいます。

これはどういうことでしょう？

今、ちょっと、あなたの財布の中を見てみてください。お金が入っていますよね？

このお金が、金運です。財布の中のお金が、金運そのものなのです。

お金持ちの人たちは、そのお金を確認した上で、「じゃあ、これに使おう」と考え、それをチャンスに変えている人たちです。

一方、貧乏な人は、財布の中に入っているお金を見ても、「これじゃあ買えない」と悩み、お金を使おうしない人たちです。

お金持ちは、金運を確かなタイミングで使う

お金持ちで金運のいい人はいないというのは、彼らは金運を使ってしまっているからです。お金の運を全部きっちり使ってしまった上で、確かなものを得ているから、金運自体はない人が多いのです。彼らは金運の使い方を知っていて、どういうことをすればお金が生まれるかわかっているので、そのタイミングでしっかり使っているということです。

ところが、「私、金運ないんです。どうしたら金運アップしますか?」と言って僕のところに来られる方は、手相を見てみると、金運はちゃんと持っていることも多い。もう、たっぷり持っている人もいます。だから、財布の中をみると、ちゃんとお金も入っています。でも、そのお金を使えない。

「あれもこれもほしいけど、このお金じゃ買えないな」と思いながら、そのお金を見ているだけです。

それを見ると、僕は、「ああ、たっぷり金運を持っていたのに、腐らせてしまっている

んだな」と思います。

金運というのは、一種のエネルギーだと考えられていて、じつは、アップさせるのはすごく簡単です。

夕日を浴びる。

ただそれだけ。本当にこれだけで金運は上がります。

ですが、仕事運、恋愛運、健康運など数ある運勢の中で、金運は唯一、「腐る」運と言われています。食べ物と一緒で、食べきれないとか、**使いきれなくなると腐っていってしまう**のです。

はっきり言いましょう。金運は、使わないと活《い》きません。

「お金がない」が口癖になっている人は、せっかくお金が入っても、そのお金を、次にまたお金が入ってくるための手段とか、新しい行動を起こすために使うということをしません。だから、いつまでも「お金がない、お金がない」と言い続けなくてはならないのです。

考えてみれば当たり前のことです。

「払う」と「祓う」

では、どんなふうにお金を使ったら、活きたお金を使ったことになるのでしょうか。

ひとつ、ご紹介しましょう。

「最近どうもツイてないから、厄を落としたい。どうすれば厄が落ちますか?」と、相談に来られる方がいます。一般的に、そういうときは神社に行って厄払いする方が多いと思います。また、運気が落ちている時期には、人のために無償の奉仕をするといい、とも言われているので、そういったことをする人も多いでしょう。

僕の場合、そういうときは「お金を〝払い〟に行ってください」と言います。

厄というのは、人にもついているし、お金にもついてきます。だから、**「お金を払う」というのは、「祓う」ことと同じ意味**があるのです。

僕は、運気が悪いといわれる時期にいいことがいっぱい起こりました。

そのとき何を心がけていたかというと、外食するときに、あえて、今にもつぶれそうなお店を探して、そこで食べるようにしていたのです。

これをするようになったのにはひとつのきっかけがありました。

あるとき、地元でおいしいと評判のラーメン屋さんに行き、おいしくいただいて満足し、会計して出ようとしました。そのとき、レジで「細かいのありますか？」と聞かれ、あいにく持っていなかったので「すみません、ないんで1万円でお願いします」と1万円を出したのです。すると、その店員さんは目の前で大きくため息をつき、「1万円入ります！」と大声で奥に向かって怒鳴り、お釣りをくれました。あまりの態度に、僕は、ラーメンはおいしかったのに残念だな、と思いました。

そんなことがあってから、友達と待ち合わせをしたときに、相手から遅れると連絡があったので、たまたま近くにあったラーメン屋さんに入り、腹ごしらえをしながら待つことにしました。ところが、この店が、知り合いが「あそこは超まずいですよ」と言っていた店だったのです。

時間は昼の12時半。入ってみると、カウンターにひとりだけお客さんがいました。わあ、本当にお客さんがいないなと思って、「すいませーん」と呼ぶと、「いらっしゃいませ」と返事をしたのはカウンターに座っていたその人。このおじさんが店主だったのです。

僕はラーメンを注文し（味はお察しの通りです）、食べ終わって会計をしようとしました。ところが財布にはまた1万円札しかなかったので、それを出しました。するとその店主が、1万円を出したその手をぎゅっと握り、「ありがとうございます」と言ったのです。

僕は、「これからはこの人のためにお金を使おう」と思いました。そしてこの店に通って、ひとつだけあったおいしいメニューである唐揚げ定食を、ひたすら食べ続けました。

そんなことを続けていたある日、店に行くと、ご主人はいなくて、奥さんだけがいました。

「あれ？　今日、やってないんですか？」と聞くと、すみません、主人が倒れて、店をたたむことになりました、と奥さんは言いました。そうですか、それは悲しいです、と言うと、奥さんがこう言いました。

「今日、最後に来るお客さんに、おまえからお礼を言っておいてくれ、と主人に言われてきたのです。今まで、本当にありがとうございました」

奥さんは泣いていました。

同じお金でも、この人たちのために使うお金は、どれだけ活《い》きていただろうと思うのです。

お金に苦しんでいる人たちのために使うお金は、いちばん活《い》きるのです。募金もいいのですが、喜ぶ人の顔を見るのがいちばんいいです。こういうときに、厄も祓えるし、運も上がります。僕は厄を祓うためにこの店に通ったわけではないのですが、今考えてみると、この頃は本当に運がよかったです。

ぜひみなさんも、お金を使うなら、お金持ちやうまくいっている人におごったりするのではなくて、お金に困っている人が喜ぶような使い方をしてください。

ただ、僕がやったような使い方は、じつは案外難しいのです。なぜなら、繁盛していない店を探すのはすごくたいへんだから。そう、そういう店は、あっという間につぶれてしまうからです。

運を開きたければ……

運の悪いときは、お金を〝祓〟おう

わからなくなったとき、尋ねる人は

もしあなたが、「この頃、夫婦仲がうまくいかない。もう別れたい」と思いつめたとしても、決して同世代の友達には相談しないでください。

「類は友を呼ぶ」のことわざどおり、夫婦仲がうまくいっていない者どうしは何かと集まりがちですが、その中の誰かひとりが離婚すると、必ず「私は離婚しても大丈夫だった。あなたも絶対大丈夫よ」と、ばたばたっとみんなが離婚する流れができてしまいます。

反対に、周りが夫婦仲がうまくいっている人ばかりだと、こんどは自分に劣等感が生まれます。あの人の旦那さんはこんなことをしてくれるし、こんなに優しい言葉をかけてくれる。それに比べてうちの旦那は……と、よけいに夫婦仲を悪くする思考回路になっていきます。

そもそも人というのは、ふたり揃ったらもう宇宙ですから、なんのマニュアルも通用しません。「私たちのルール」で生きていくしかないのです。

でもそれをわかっていない人が案外多い。

この間も、ふたり組の女性が来て、ひとりが旦那さんの悩みを話し出した途端、もうひとりが「ひどいね。それって普通じゃないよね」と言い出しました。それを聞いて僕はひと言。

「じゃあ普通ってどんなの？」

結婚しても、旦那さんの名前を呼べない奥さんもいるし、「ごめん」とか「ありがとう」がなかなか言えない奥さんもいます……僕の妻です。ほかの人が聞いたら、「それは普通ではない」と言うかもしれません。でも、これが「うちの普通」なのです。

僕の名前を呼べなかったり、「ありがとう」「ごめん」が言えないのは妻の欠点かもしれません。でもそれを補って余りあるくらいいいところも、妻にはあるのです。

決して「普通と違う」ということで良し悪しは決められないのです。

年配の人に相談する

男女の問題で悩むと、恋愛相談を専門にするカウンセラーや、心理学者が書いた本に頼る人も多いと思います。でも、もともとマニュアルにならないようなことを一律に理論で解決しようとしても無理があります。あげくに、難しいアドバイスばかりになってしまう。「夫婦がうまくいくための秘訣　その40」とか、そんなにたくさん言われても実践できませんよね。

こういうときにどうすればいいかというと、**年配の方に相談するのがいちばんいい**のです。

年配のみなさんは、長く生きている分、ご自分もいろいろ経験しているし、いろいろなケースを見てきています。

男女関係の悩みは、昔も今もそう変わっていない面がありますから、年配の方からしてみたら、「ああ、そういうのはよくあることだよ」と、たいして珍しくもない悩みであったりします。

ある種の、極みまで到達している人もいます。そういう人に相談すると、「それはね、みんなが通っていく道よ。あんたひとりじゃないよ」と、安心させてもらえます。

僕も、とても尊敬している、80代のご夫婦がいます。そのご夫婦は、いまだに手をつないで踊ったりするほど仲がいい。その様子があまりにも素敵なので、僕はあるとき、「夫婦円満の秘訣はなんですか？」と聞いてみました。すると、おふたりがなんと答えたと思いますか？

「お互いが理解し合えないということを理解できたから、今までやってこられたんだよ」と。

深いですよね。

こういう言葉は、同年代のカップルからは決して出てきません。

ふた回り年の離れた友人を持つ

あなたが中高年で、この頃ちょっと頭が固くなってきたかな？　と思ったら、素直な気持ちで若い人にいろいろ聞いてみるのもいいと思います。

上でも下でも、ふた回り以上年の離れた友人を持つことをおすすめします。

人生で悩み事にぶつかったとき、ふた回り離れた人に相談すると、何か意外なところから解決策が見つかったり、重要な教えを得られたりすることがあります。

僕が仕事でストレスを抱え、釣りでも釣れなくてイライラしているとき、親しくしていただいている年上の釣り仲間の社長さんが、

「崔さん、釣れないときは釣れない時間を楽しみなさい」

と笑いながら言ってくれたことがありました。

「釣れてしまったらそれで終わり。釣れない時間が積み重なれば積み重なるほど、釣れたときにどれだけ嬉しいかわかるようになるよ」と。

僕はあまりにも釣れなくてカリカリしていたので「何言ってんだこのおっさんは」と内心思いましたが、今になって、その言葉の意味が理解できます。

この社長・Nさんは、自分が釣れなくても、人が釣れたときにものすごく喜ぶのです。なんで人が釣れたことがそんなに嬉しいのかと僕は不思議に思っていましたが、このことも、「崔さん、いつかわかるよ！」と言っていました。

あの領域にいくのにはあと20年くらいかかるかなあ……と思っていましたが、最近、わかりました。自分が連れて行ったゲストが釣れると、自分が釣れるよりも嬉しい。人が釣れたときのほうが満足できる。その気持ちを味わったとき、「あ、N社長に少し近づけたのかな」と思いました。

年上の友人を持つということは、やっぱりいいものです。

人生がわからなくなったときに尋ねるのはもちろんのこと、自分の運勢をさらに大きく成長させようと思ったときに、持つべき友人は、ふた回り離れた人たちです。

お金持ちや、成功している友人だけがいいとは限りません。人は、ただいたずらに年を重ねているわけではありません。その時間の中に、たくさんの経験が詰まっています。昔はずいぶん羽振りがよかったけれど、今は失敗してこんなんだよ、という言う人からも、「なぜこの人は失敗したんだろうか」ということを学べます。

もちろん、幸せな人からは、「なぜこの人が幸せでいるのか」ということも学べます。

ちなみに、「釣れない時間を楽しみなさい」は、釣りのときに言われた言葉ですが、これは仕事でも、恋愛についても言えることだなあと、最近しみじみ感じています。うまくいかない時間も、じっくりと楽しみ、味わうことが大事なのです。

N社長からは、本当にいい言葉を教えてもらったと思います。

そんなわけで、年上の友達を持つことは、運をよくするための近道だと思うのです。

運を開きたければ……

ふた回り年の離れた友人を持とう

自分に何点をつけますか？

とうとう本書も最後の項目になりました。

いちばん大事な話を、最後にしたいと思います。

「自分に点数をつけるとしたら、何点をつけるか」というお話です。

僕はこの話を絶対に忘れてほしくないので、講演の最後にすることが多いです。


鏡を見てください。

あなたは鏡に映る自分に、１００点満点で何点をつけますか？

講演会でこの質問をして、「50点以下の人？」「60点の人？」と手を上げてもらうと、70点とか80点のところで手を上げる人が多いです。

ですが、よく覚えておいてください。

この答えは、必ず１００点でいてください。１００点満点で１００点です。そうでなければこの先、人相も手相も家相も、よくなることは絶対にあり得ません。

それはなぜでしょうか。


ある人たちの相談内容を例に説明していきましょう。

僕がしている占いにやって来る方は女性が多いのですが、何歳の女性でも、「恋愛がうまくいかない」「いい人が出てこない」と悩む人は非常に多いです。そのたびに僕が聞くことは何か。

「あなたは自分のことが好きですか？」

と聞きます。そうしたらどんな答えが返ってくるでしょう？

「いいえ、好きではありません」。

この意味がわかるでしょうか。

この人に彼氏ができることはありません。それはなぜか。

自分が好きでもない自分のことを、誰かに「好きになってくれ」と言っているからです。

自分で自分のことを愛してもないのに、誰かに愛してくれと言っているのです。

自分を見たときに、かわいいともカッコいいとも、きれいだとも、イケてるとも思わないのにもかかわらず、誰かには私を大切にしてくれ、愛してくれと言っているのです。

無理な話でしょう。自分は50点。あなたがそう考えているのなら、これまで生きてきた、30年、40年の自分の人生を想像してください。30年をかけてその50点の自分自身を作ってきたのは、自分です。

ここに、30年かけてケーキを作り続けてきたパティシエがいるとしましょう。30年間かけてその人はおいしいケーキを作ろうとして、ケーキと向き合ってきました。30年経った今、その人は自分の作ったケーキをぱくりと食べてこう言います。

「おいしくない」

誰がこのケーキを食べるでしょう？　誰がそのケーキを買って食べて、おいしいと言うのでしょう？

この本で、運勢を上げていく上で、幸せなお金持ちの人たちに共通することをいくつもお話ししてきました。その中でももっとも共通している条件。それは、幸せなお金持ちの人たちは、自分のことが好きで、愛しているということです。そして迷わず「自分は100点」と言います。

100点未満の人の思考法

ここで、１００点未満だった人たちのことを考えてみましょう。その人たちはなぜ１００点未満だったのでしょうか。

１００点未満の点数をつける人たちは、自分を誰かと比べる習慣しかついていません。人と比べて何点なのか、と考えているのです。

覚えておいてください。「自分は１００点です」と答える人たち、この人たちが持っているものは、お金でも、地位でも、ルックスでもありません。唯一、持っているものは、**誰とも比べない強さ**です。

ある人は言います。お金をたくさん持っていたら絶対幸せになれますよね？　と。お金を持っていたら、顔がかわいかったら、スタイルがよかったら、頭がよかったら、絶対幸せになれるのでしょうか。誰かと比べて、あの人よりいいとか悪いとか言っても、たまたまそこに存在した誰かと比べているにすぎません。

僕は女性によく聞きます。この先たくさんの男にモテる人生と、ひとりに自信をもって愛される人生だったら、どちらを選びますか？　と。

もしほとんどの男性から、おまえはかわいくないし、きれいでもない、といった言葉を浴びせられたとしても、たったひとりが、いやとんでもない。おまえはそんなことを卑下するな、心配するなと言ってくれるのなら、ほかの誰かと比べる必要はまったくありません。**その男性にとってあなたは100点**です。そうやって、その女性は幸せを手にします。

この本でたくさんのことをお話ししましたが、**読んでくれた方が自分のことを愛せない限り、運勢は伸びない**と思います。そして自分を愛せない限り、自分を愛してくれる人に恵まれることも絶対にありません。

自分に100点をつけるには

では、人はどうすることで100点になれるのでしょう。

謙虚な方は、僕は未熟だからとか、たいしたことはできないから100点ではない、と言います。でもそのすべては、何かと何かを比べている場合でしかないと思うのです。

「100点をつけられますか?」という質問は、「100%自分のことを愛せていますか」と聞いているということです。では、100%自分のことを愛するためには、どうすればいいでしょうか。

このことは、若い人たちにどれだけ説明しても、なかなかわかってはくれません。

僕は10年以上占ってきて、いろんなことを学んだと思います。その中でもいちばん大事なことは、人を愛する尊さと、その素晴らしさです。「愛」とは、世の中の言葉の中で、祖先の人たちが考えた言葉の中で、もっとも素晴らしい言葉だと思います。

「愛」とは、私たちがもともと持っている心に対して、第三者の心を受け入れることだと言いました。そして人は愛する人や大切な人のことを思うとき「心を痛める」とお話ししました。

「愛」という言葉の意味は、その人のために傷つく覚悟があるということです。

どうでしょう。みなさんが今まで生きてきた40年、50年、60年といった人生を振り返ったとき、ブレることなく自分のことを愛してくれた存在がいたでしょうか。

誰かいましたか？　誰を思い浮かべましたか？

僕は母を思い浮かべます。僕の母は、僕を表現するときに、「好き」とは絶対に言いません。「愛してる」と言います。では、今みなさんが想像した、大切な自分のことを愛してくれる人たちは、愛の意味を知っていたでしょうか。

覚えていてください。この人たちは知っています。そして今この本を読んでいるあなたも、たぶん知っているはずです。ただ、まだそれに気づかないだけです。

自分をブレずに愛してくれた存在として母親を思い浮かべた人は、次のような場面を想像してみてください。

あなたが病気になりました。病院の先生は、あなたの母親に向かってこう言います。残念だけど、おたくの息子さん（娘さん）を助けることはできません。すると母親は病院の先生の脚にしがみついてなんとかしてくださいと言うでしょう。しかしどうにもならない。そのとき、神さまが出てきて、

「おまえの子どもを助けてやる。その代わりにおまえの目をよこせ」

と言ったらどうでしょう。

考えてみてください。あなたの親が、子どものためにその目を差し出すかです。差し出しますよね。迷いません。

ある母親はこう言います。この子のために、目が惜しいとか腕が惜しいとか思ったことはない。私を殺して、この子に明日が来るならどうぞ殺してくれ。そして両目を失った母親は、元気になった我が子の手をつかんで、私はあんたを助けるためにこの目を失った。だからこの先、手を引っ張って生きていってくれとは言いません。自分のことはいい、あんたが幸せになったらいいと言います。

これが、１００％愛するということです。

そうやって愛されてきた自分は、何点なのでしょうか。30点ですか？　40点でしょうか？

１００％愛された自分を１００％信じ、愛するためにはどうしたらいいかを、考えていってください。

僕はよく言います。自分のことを30点と言っている人は必ず30点の人と結婚します。30点同士で結婚したら、そのふたりの間に生まれてくる子は何点でしょう？　30点です。いつか子どもが何かの壁にぶつかって落ち込んでいるときに、その親はこう言います。しょうがないよ、お前は30点の俺たちの子どもだから……。

そうありたいでしょうか？　類は友も運命の人も呼び続けます。自分に30点をつける人は、必ず30点の人を呼びます。そして、自分の愛する人にも30点をつけることになります。つまり、愛する人を傷つけることになってしまうのです。

あなたは自分に30点という点数をつけたかもしれません。では、今ぽっと思い浮かんだ、自分のことを愛してくれている人たち、自分の大切な家族、子ども、奥さん、旦那さん、そして自分に命のバトンをつないでくれた自分の母親や父親、その人たちをひとくくりにして点数をつけるならば、いったい何点をつけますか？

１００点です。知っておいていてください。今ここで自分の中で１００点だという答えが出たのであれば、みなさんは１００点です。なぜか。１００点だと言っている親の間からは100点の子どもしか生まれてこないからです。そしていつか子どもが何かの壁にぶつかって落ち込んでいるとき、父親として、母親として言ってください。心配するな、おまえはなんでもできる。なぜか。それは俺自身がやっていることだから。そしておまえは俺の子どもだから、と。

今、100点になることを忘れないでください。誰とも比べない強さを持ち、そして自分のことを大切に思う存在をもう一度思い返し、そして愛の意味を知ってください。それだけで、明日から背中が曲がる人はいなくなると思います。この話が、明日からの気力になる人がいるでしょう。今まで下を向いていた顔が上に上がる方もいるでしょう。その基礎を知ることなくして、いくら開運方法や、たくさんの本を読んだとしても、みなさんの運勢が上がることはありません。このことをまず知っておいてください。

自分は自分のことを100%愛し、そして100%信じる。

それがあるからこそ、同じように自分の家族を100%愛して、100%信じ、自分の周りについてくる部下を信じ、愛することができるのです。そうではない人たちが、同じようなことができるでしょうか。できません。自分のことを信用できない人は人に対して疑心暗鬼になります。疑っているのは他人ではなく、常に自分自身です。

そう、十数年前に教えてくれたのは、我が師でした。僕はそのとき先生に、「もっとお金を稼ぎたい」という話をしていました。そうしたら先生は、今の話をしたのです。先生から、あんたは何点だと聞かれ、僕は30点と言いました。ではあんたは、あんたの親に点数をつけるなら何点かと聞かれたときに、僕は迷わず100点と言いました。先生は言いました。だったらあんたも100点よ、と。100点の親に支えられ、生かされているあんたがなんで30点なの？　と。

そうだなと思いました。だからその日から僕は上を向いて、胸を張って100点に見合う人間になろうと思いました。

今、会社を始めて12年間、僕のそばで僕を支えてくれるスタッフや家族は、みんな僕にとって100点の存在です。そして僕は彼らを100％愛し、信じることを貫き通すでしょう。だから先生は、お金は「稼ぐ」ものではなく、「儲ける」ものだと言いました。何の違いがあるんですかと聞くと、先生は漢字を書きました。

「儲ける」という字は、「信じる」に「者」と書きます。つまり、信念を持っている人、信じている人のことです。**自分を信じて、自分を持っている人こそが儲けられる人**なのだ、と。一方、お金を「稼ぐ」人たちは、常に大切なときに失くすそうです。

先生によると、**お金儲けをする人たちの力は無限**なのだそうです。だからあなたがしなくちゃいけないのは金儲けだ、と言われたときに、商売をやっていこうと思いました。

あなたはこの先も、壁にぶつかったり、いろんな苦難に出会うことがあるでしょう。景気も、上がったり下がったりを繰り返します。でも絶対にブレてはいけないことは、自分のことをどれだけ信じられるか、です。そのことがわかるだけでも、みなさんの周りの人間関係すべてに影響が出てきます。

どうぞ、愛を忘れないでください。まずはじめにそれがあってこその開運です。

もしも今、これを心の基礎として刻むことができたら、はっきり言って、開運方法はもういらないと思います。占い師さんの出番もありません。

自分を信じ、どうぞその道をまっすぐ進まれてください。

運を開きたければ……

自分に、常に100点をつけよう

おわりに――あなたは「幸せ」を知っていますか？

ここまでおつきあいいただき、本当にありがとうございました。

これからの人生で、ちょっと立ち止まって考えたいとき、少しでもこの本からヒントを見つけてもらえたら嬉しいです。

僕がどこの講演会に行ってもするふたつのお話をして、本書を終わりたいと思います。

「足りない」と言う人たち

ひとつは、「足りない」と言う人たちの話です。

2004年くらいのことです。当時、僕はサラリーマンをしながら先生に占いの指導をしてもらっていました。

ある日、先生がこう言いました。

「今から10年以内に、日本には大きな災害か戦争が起きる。そのとき、万という人が死ぬよ」

「まさか。なんでそんなことがわかるの」

僕は驚きましたが、周りの先生たちはうんうんとうなずいています。「起きると思う」と。

「あんたも占いをするようになったらわかるよ。お客さんの話を聞いているとわかるんだ」

なぜお客さんの話を聞いていると、そんなことがわかるのか。

それは、バラバラに来るお客さんたちが、急に、同じ質問をし始めるからだそうです。

その質問とは、これです。

「いつになったら幸せになれますか?」

なぜかいっせいにお客さんたちがこの質問をし始める。それが、大災害や戦争など、大きな災厄が起こるサインなのだそうです。

この質問をされると、先生は相談者にいつも言っていました。

「あなたは健康な体も、家も、仕事も、家族も、なんでも持ってるでしょう。何が足りないの？　足りないものがあるんなら、逆に教えてちょうだい」

その後、僕が九州に帰って占いを始めていた2010年。先生たちの言った通り、急に「私、いつになったら幸せになれますか？」という人が増え始めました。年末近くになると、日に40人ほど来るお客さんのほとんどが開口一番その質問をするようになったので、僕は、これは本当に何か起こるかもしれないと怖くなり、一時期占いをするのをやめていました、

そしてその1カ月後、あの日を迎えました。

東日本大震災です。

僕は九州に住んでいますから、揺れもなく、実感としてはわかりませんでした。しかし、テレビから延々と流れてくる映像から、目を離すことはできませんでした。

言葉にできないほどの大災害の映像の中で、僕の心にいちばん強く残ったのが、津波に流され、なんにもなくなってしまった場所に、おばあちゃんがひとりぽつんと佇んでいた姿です。報道のマイクを向けられたおばあちゃんは、ここに家があったと言いました。その家には自分の旦那と息子夫婦と孫たちがいた。津波で全部持っていかれて、私ひとりに

なった。家もなければお金もない。家族すらいなくなった。私はこの先、どうやって生きていったらいいんだろう――。

あれ以来、ぴたりと、「私、いつになったら幸せになれますか?」と言う人がいなくなりました。

なぜでしょう。

あの、未曾有《みぞう》の大災害の映像を見たときに、みんなが、同じことを思ったのです。自分はどれだけ幸せなのか、と。

２０１１年3月11日。あの日、日本の多くの人は家に帰れば大切な人はいたし、温かいご飯もあったし、柔かい布団で寝ることができた。今ここにある自分の人生、ごく普通の人生だけど、これがいかに貴重で、幸せなことか。普通であることって、どんなに奇跡的なことなのか。

これまで当たり前のように持っていたものを失ってしまった人を目の当たりにして初めてそのことに気づき、「いつになったら」と言う人たちがいなくなったのです。

先生たちは、災害というものは、人の無意識が起こした人災だと言っていました。自然は、風も木も水も山も全部、僕たちの声をよく聞いているのだそうです。

「私には何かが足りない。いつになったら幸せになれるの」と考える人があまりにも増えると、人々に気づきを与えようと、自然は試練として災害を起こすのだと言っていました。

不思議なもので、人は、「あれも足りない、これも足りない」と言って、今持っているものに気づかないでいると、今あるものを失っていく人生になります。失って初めて、「あのときはどれだけ幸せだったのか」と気づくことができるからです。

今でも十分、多すぎるくらい持っている、自分は幸せだ、恵まれているんだと気づいた人は、新しいものを得ていく人生になるそうです。

「かわいそう」と言う人たち

ふたつ目は、「かわいそう」という言葉を使う人たちの話です。

「運の強い子の育て方」というテーマで、お母さんたちを対象にした講演会で話すとき、僕はよくこの話をします。


「うちはお父さんがいないから子どもがかわいそうなんです」

「お金がなくて、子どもを夏休みにどこも連れて行ってあげられないから、不憫《ふびん》です」

そんなふうに、「子どもがかわいそう」と言って僕のところに相談に来るお母さんはとても多いです。忙しくて子どもと一緒に過ごしてあげられない、欲しいものも買ってあげられない。

そんなお母さんたちに、僕は言います。

「子どもがかわいそうって……他人事ですか?」

違います、自分の子どもだからかわいそうなんです。みなさんそう言います。

でも、そうであるならなおのこと、子どもに対して「かわいそう」という言葉を、僕は絶対に使ってほしくないと思います。

報道番組などで、難民の子どもたちの様子を見ることがあると思います。両親とは生き別れ、食べるものも着るものもない。配給の食糧に群がってけんかを始める子もいる。

その映像を見た日本の人は思います。「かわいそうな子どもたち」と。

でも、僕たちのこの国は、年間3万人が自殺する国です。それを思ったら、親も家もないかもしれないけれど、今を精いっぱいに生きようとしている姿は、本当にかわいそうなのでしょうか?

あの子達を「かわいそうな子ども」にしているのはなんでしょう。内戦なのか飢饉《ききん》なのか。違います。あの子たちのことを他人事として「かわいそう」と言うことで、初めてあの子たちは「かわいそうな子ども」になるのです。なぜなら、本人たちは自分たちをかわいそうだとは思っていないからです。

ですから、自分の子どもに向かってかわいそうと言うということは、「自分は関係ないけれど、かわいそうな子どもだね」と外から見て他人事で言っているのと同じなのです。あなたのお子さんは、自分を「かわいそう」と思いながら生活しているでしょうか？かわいそうな子どもたちを作っているのは、それを見て「かわいそう」と言っている親自身です。働いているからだめだとか、一緒の時間がないからだめなんてことはありません。

子どもを幸せにしたいと思ったら、運の強い子にしたいと思ったら、子どもに対して「かわいそう」という言葉は絶対に使わないでください。

ほかの誰かに、「あなたは幸せ」「あなたはかわいそう」なんて勝手に判断されることなく、自分の幸せを、自分で見つけていける子どもにしてあげてください。

幸せとは何か

このふたつの話からわかることは、「幸せ」とは、価値観だということです。

幸せとは、決して誰かから測ってもらうものではありませんし、比べるものでもありません。結局は、自分で「幸せだ」と思うことがなければ、他人から見てどんなに幸せな状態であったとしても、その人は幸せではないでしょう。

この本で、「幸せになるのは簡単だ」という話をしてきました。

そうです。簡単なんです。

成功するのは難しいかもしれません。でも、幸せになるのは、今、この瞬間からだってできます。


ああ、そうか、不幸になるほうが難しいってこういうことか。

お金があるからとか、子どもがいるからとか、結婚できたから幸せになれるわけではないんだ。

今、自分が幸せだと決めてしまえば、それが幸せなんだ。


みなさんも、そのことに気づいてもらえたらと思います。

長くなりますが、最後に、この本を書いた理由を4つ、お伝えさせてください。

もう何年も来ていただいているお客様の中には、ただ僕の顔が見たいからと来てくれる人もいますが、中には、何度もアドバイスをしているのに、それは実行せず、いつも「何かほかの方法はないですか?」と、聞いてくる方がいます。

しまいには、僕の部屋に置いてある置物や、身につけているアクセサリーを見て、「いくらで売ってくれますか?」と聞く方もいます。

この本でも何度も言っていますが、物を買って運がよくなるという考えは、僕にはありません。毎日の基礎をコツコツやらないと、開運なんてものはありません。これを伝えたかったのがひとつ目の理由です。

そして、ふたつ目の理由は、今ではたくさんのお客様に僕の開運アドバイスを聞きに来ていただいていますが、僕のところに来なくても、今ある悩みや問題を解決し、幸せになる方法を本でお伝えし、みなさんが自分で解決できるようにしたい、と思ったからです。遠くからわざわざ僕のところに来なくても、この本で書いたことを実行していけば、大丈夫です。

３つ目は、僕の子どもにいつか手に取ってもらいたいなという思いで書きました。

最後に。

この本を書いたいちばんの理由は、12年間もの間、こんな僕を頼って訪ねてきてくれるお客様への感謝の言葉を伝えたいと思ったからです。

「救われました」、「幸せになりました」、「つらい時に支えていただきありがとう」……。

そんな言葉をいただくたびに、僕が思うのは、この12年間、僕はずっとこのお客様の言葉に救われ、つらいときに支えられ、ついには、幸せになることができたということです。

そんな一人ひとりのお客様へ感謝の気持ちを込めて。

本当にありがとうございました。

２０１８年４月

崔　燎平

本書の刊行にあたり、寄せられた言葉

長年、占いや仕事を通じておつきあいのあるみなさんから、本書の刊行に際して、多くの励ましや感謝の言葉をいただきました。その一部を、ご本人の承諾を得て、紹介させていただきます。

友人として付き合ってきた自分が見ても、不思議な魅力と引力を持った人間だと思います。

俳優　福田健二さん

人が悩むとき彼を訪ねると、必ず笑顔と勇気をもらえる。まぎれもなく僕もそのひとりです。

K dental 代表取締役　中嶋康雄さん

当時、人生のどん底だった私を見離さず、今の私に幸せとなるきっかけを与えてくれた崔先生に感謝しています。

現在は良き妻や良き仲間にも恵まれ、すべてにおい

占いを超えた人生のアドバイザー。愛に満ちあふれる魂の言葉一つひとつが、心の底の底まで響き渡り、本当の幸せとは何かに気づかされました。

父のような母のような祖父のような祖母のような、不思議な先生です。

株式会社ＭＮＳスポーツメディックス 代表取締役社長

大庭智成さん

圧倒的な実績に裏打ちされた確かな理論と根拠で、人生を劇的に好転させ、感動を与えることのできる、唯一無二の存在。

司法書士　東伸郎さん

て順調そのものです。夫婦共々、多くの幸せと喜びに満たされています。

ボディケアサロンBocce　古森久雄さん

店長とは友人の紹介で知り合いました。それぞれの四季の過ごし方だったり悪い時期の過ごし方を知ることにより、いろいろな角度から物事を見れるようになりました。これから先、心豊かに日々感謝を忘れずに過ごして参りたいと思っております。

株式会社健双 代表取締役　武田健助さん

崔先生に出会ったのは高校生のときで、カラオケボックスの店長としてでした。占いをしてもらえるということで見てもらいました。そのときにもらったアドバイスの3カ条を守っていました。

すると、医療関係の専門学校を卒業後、希望の病院に就職できました。しかし、本来の夢は整体院の開業でした。なので就職後、やりたいことは違うと思い、半年で病院を辞め占い相談に行きました。それから約3年間でアドバイス通りの方角に3回引っ越し、1回目の引っ越しで修行していた整体院の系列店での院長に就任し、100万円程の借金を完済し、彼女も出来ました。2回目の引っ越しでその彼女と結婚しました。3回目の引っ越しで念願の自分の治療院を開業することができました。とても偶然とは思えません。今は夢のマイホームを新築している最中で、4度目の引っ越し後にどんな幸せな日々がやってくるのかを楽しみにしているところです。

ホシノ整体院 院長　星野雄哉さん

起業の背中を押してもらい、たくさんのいい縁に恵まれています。

ウエストマリン　入江和憲さん

私は生き方に迷い、生きる希望をなくしていたが、先生の適切なアドバイスにより幸せな日々を過ごしている。何より、愛を教えてくれた先生に、感謝している。この世界で最高峰の師匠だ。

有限会社 遠賀観光バス 取締役　岩尾篤さん

私は、店長と出会って11年になります。当時はまだ全然お金もなく、貧しい生活をしていました。それから店長に占いをしてもらい、間もなく事業を始めました。そのときから、店長に何でも相談していました。そうすると、店長から、3年後には必ずいい流れが来ると伝えられました。その通りに、順調に仕事もうまくいきました！

だから、今でも必ず店長に何でも相談しています。いちばん信頼出来る方だと思っています！

総合建設業 黒繁工業株式会社 代表取締役　黒木繁さん

家庭的にも金銭的にも間違いなく幸せです！　と言えるようになりました。

悠悠ホーム株式会社 第二営業部部長　市岡英幸さん

崔さんとの出会いは、私のサロンに面白い人が来るので話を聞いてみたらと、呼んでもらったご縁です。もう7年前、7名で聞いた話が面白く、この方のお話を人に聞いてもらい、幸せを皆で掴まなくてはと思い伝えました。自分の行動を変化させ、運をつかむ人生を楽しんでいます。たくさんの人に光を与える人です。

美と健康のステーション・のあん　小野未由希さん

十数年のつき合いになる私のお友達が、あるとき、崔先生のお力をお借りして、家を建てられました。いろいろなことに悩み苦しんでいたその人にはずっとタロットカードを使いアドバイスしてきましたが、家を建てたタイミングから運命の輪の幸運のカードが前を向き幸せが出ていました。

1年後、今度は未来が進む場所に運命の輪のカードが出て、さらに鳥肌が立ちました。建てた後も人を幸せに導け、笑顔にでき、努力できるように背中を押していただける素晴らしい先生です。

Last Stand　中野彰子さん

私は崔さんの講演会などに参加させていただいて、吉方旅行に息子と一緒に行くようになりました。とくに勝負運!!　に良い日を選び、西へ東へと。幸運なことに息子とは九星が同じなのでよかったです。

昨年息子が全国大会に出場することができ、そこで、好成績をおさめることができました。本当に不思議な力で引っ張られているような感じです。

これからも親子共々、力を合わせて、ときどき吉方に出向き、リフレッシュしながら楽しく息子の応援をしたいと思います。目指すぞ!!　金メダル!!　がんばれー！

野本さん

薬局を営んでいます。2年くらい前に改名をしていただきました。それ以来お客様の流れがよくなり、客層が素晴らしく、毎日楽しく商いを続けることができています。感謝いたします。

北九州市 くろさき薬局　原田明代子さん

娘はなかなかおつき合いする方と巡り合えず、崔さんのところへご相談に行きました。

20代で結婚したいと思っていたけど、30代と言われ少しショック。でも言われた通り、玄関、トイレの掃除を毎日欠かさず、玄関から出入りして（それまで勝手口から出入りしていました）、少し時間はかかったけれど、今は素敵な方と結婚して、かわいい男の子にも恵まれ幸せです。

崔さんは本当に何もかもわかっていて、統計学と言われますが、それを通じてその人にぴったりのご指導をしてくれます。本当に感謝です。

あっちゃんさん

崔先生に出会って、統計学を知りました。

お金をかけない運気アップの方法や、吉方旅行の行き方を実践し効果大。運気アップ！アップ！アップ!!

人生こんなにも楽に生きられるんですね！

知らなきゃ損。生きる指針、統計学。崔先生との出会いに感謝申し上げます。ありがとう！

four-leaf clover　中川理恵さん

崔さんに教えていただいたもの。「知識」。誰にでも理解できるよう、やさしく面白く、すぐ実行できることをたくさん教えていただきました。

崔さんに教えていただいたもの。「自信」。自信を持たせていただいたことは「おにぎり」です。いつもにぎっていたおにぎりを誰よりもおいしいと言ってくれ、待っていてくれることでした。今では先生の効果か、皆さまに広がり、どこに行ってもほめていただけるようになりました。

私にとって崔先生は人生を豊かにしてもらえ、笑顔で過ごせるように教えてくれた恩師です。感謝しています。

安部美代子さん

人生の師匠です。

東京都在住 飲食店経営 M社長

簡単なアドバイスだったのに会社の売り上げが0単位で上がりました！

福岡県在住 建設会社 T社長

占い師の占いをしてくれる貴重な人です。

山口県在住 占い師 Kさん

不妊で7年病院に通い、身も心もボロボロになった私にさした希望の光でした！ 子ども達は元気に育ってます。

大分県在住 主婦 Nさん

幸せになるのはこんなに簡単で、不幸になるほうが難しいって教えてもらいました。

千葉県在住 学生 Yさん

いい男は探すんじゃない！ 捕まえるんでもない！ 育てるんだ！ って言われて見つけて育ててます(笑)。今幸せです☆

熊本在住 教員 Hさん

先祖供養なくして幸せはない。手を合わせることの大切さを教えていただきました。

福岡在住 自営業 M・Iさん

お墓参りの大切さを身をもって経験しました！ 男性のルーツを辿り、お墓参りに行って、すぐ第三子は待望の男児を授かりました！ 予想外の出来事に夫婦揃ってビックリです！ 今、先生に新築計画も頼んでいます。いつもありがとうございます！

福岡県在住 主婦 H・Kさん

占いマニアみたいになった私が「もう他の占いはいいや」って思える占いです。これから先生一筋です！

長崎在住 会社員 K・Cさん

愛することの意味なんて考えたことも教えてもらっ

たこともなかったです。知れてよかったです！　ひきこもり卒業できました。

福岡在住 学生　S・Nさん

今年、５軒目のお店出します。おかげさまです！　「儲ける」は信じる者！　自分も家族もスタッフも信じて儲けてます。

福岡在住 飲食店経営　Y・Yさん

まだまだやれるんだって気づけました。あれから5年。まだ還暦です。

福岡在住 カウンセラー　I・Mさん

10年前に出会えたおかげで私はもちろんのこと、私の周りの人達も幸せに過ごせています。店長がいなければ私の人生は語れない！　表現するのにひと言では足りません。

福岡県在住 エステティシャン　T・Mさん

本の出版おめでとうございます!!　店長と出会って、運命は自分で変えられるとわかりました。落ち込んだときとか人生に迷ったとき、会いたくなるし、会うと元気と前向きさをもらえます！　人生楽しんだ者勝ちですね。

福岡市在住 元看護師　N・Aさん

お友達から聞いて知りました。自分の考えがこれでいいのか？　夢を叶えたいけどうまくいかない。とモヤモヤしていましたが、見事に背中を押してもらえ、スッキリ☆　とりあえず言われた通りに行動中。次のアドバイスが楽しみです。

福岡県 個人事業主　M・Hさん

無気力で平凡な毎日を打ち砕いてくださった恩人です。今はアドバイスを素直に生活に取り入れ、出会う前と後では全く別人になりました。ありがとうございます！

福岡在住　S・Yさん

店長と出会って10年以上。店長のアドバイスのおかげで今の幸せがあります。感謝しかありません。これからもずっと店長信者です。

糸島市在住 看護師　A・Cさん

先生のおかげで、心から楽しいと思うことを選択して、行き（生き）たいと思えるようになりました！
先生に出会えてよかったです！　ご縁に感謝です！
ありがとうございます！

大分県在住 看護師　Tさん

私のパワースポットです☆
占ってもらった後はいつも、元気になって帰っています♪

福岡　事務員　Mさん

いつもぐうの音も出ないほど、見透かされています。でも、先生のその的確な言葉にいつも救われ。自分のチョットした心がけ。自分が変われば相手が変わる。それを実施してからは、家族とはいつも笑顔にあふれる日々を送れています。3年間、音信不通だった義兄夫婦とも今では月に一度、食事会を開いているほど仲良くできております。そして、私達夫婦には今秋、3人目が産まれます！

福岡県在住 看護師　Y・Kさん

〝「ため息」ではなく「ひと息」ついて、自分の可能性に気づきなさい〟。
店長の言葉に、勇気と元気をいただきました。自分のための新しい一歩が踏み出せそうです。

北九州市在住 教諭　A・Mさん

ご教示いただいたことを日々の暮らしで生かせるようになりました。
お陰様で先祖のルーツを知ることもできて感謝です。今までたまに見ていたカレンダーが、今では、日課のひとつになりました。

鹿児島県在住 主婦　Sさん

ご縁に感謝です☆　いつもぽっかりと空いていた心の穴の正体がわかりました。
「自分も100点!!　子どもも100点!!」。夫の幼い頃の記憶を頼りにお墓を探し、手を合わせるようになって1年半。毎日幸せです☆

福岡県在住 主婦　I・Iさん

10年後なりたい自分の姿を思い浮かべて今行動すべし。

基礎からしっかり、当たり前の生活をきちんとする。先生のたくさんのアドバイスのおかげで、今すべきことがしっかり見えてきました。

ありがとうございます。

山口県在住　主婦　Yさん

出版おめでとうございます。もうすぐ完成なのですね！　早く読みたいです(*^o^*)

店長に出会って、引っ越しを勧められ実行したところ、よきご縁に巡り会え、結婚も決まりました。「なる前からなっている」この言葉を忘れずに、常に未来図を描きながら幸せに暮らしていきます！

福岡県在住　公務員　H・Sさん

崔先生に、当たり前の生活にたくさんの幸せを感じることを教えていただきました。私が父や母にもらった多くの愛を、私も夫や子どもに。手作り料理を作っていきます。

大分在住　主婦　A・Wさん

自分が変われば相手が変わるということを教えてもらいました。

それまで愚痴ばかりで些細なことで主人と喧嘩してばかりでしたが、嘘みたいに喧嘩が減り、お互いに感謝の言葉が増えました！　毎日が楽しいです。店長に感謝です♪

福岡県在住　2児の母☆　Sさん

失恋して落ち込んでいるときに、吉方旅行を勧めてくれました。その旅行に行った2週間後に彼氏ができ、現在はその彼と結婚して2人の子どもにも恵まれ、とても幸せな毎日を過ごしています。

佐賀県在住　看護師　Mさん

今、自分から踏み出してみるしかないとのお言葉をいただき、行動したら、トントンと進み出し今年の2月に入籍しました！　ありがとうございますの言葉しかないです！

福岡在住　パート　H・Sさん

今まで出会ってきた〝先生〟と名のつく方々の中で

もダントツ1位の恩師です。

大分在住　M・Yさん

「占いは1%のきっかけでしかない、騙されたと思ってやってみて！」

と言われたので、騙されたと思ってやってみました！　始めてすぐに、突発的なお手伝いで2万円手に入りました。そのときは、まさかね？　と思っていたのですが……。

一緒にやってみた友人2人が同じ時期に彼氏ができ、同じくらいに結婚！　そして姉が妊娠！！……周りもいいことが起こるし、私自身も、やりたいなぁと思っていた仕事の話が来ました。いちばんうれしかったのは、職場に素敵な人が入ってきてくれたことです。……もう、騙されたなんて言えませんっ！！

やることをやった後に、後で楽しみがあるかも！と思って過ごすのは楽しいです！　ありがとうございます！

福岡在住 会社員　T・Tさん

いつも真剣にアドバイスしてくれます。おかげさまで結婚、子どもを授かることができました。感謝してます。

福岡在住　E・Hさん

どん底だった私が、今日まで会社を潰すことなく、絶好調な今を過ごせているのは先生のおかげです。信じてよかったと心底思います。

会社経営　K・Mさん

不妊治療で壁にぶつかっていたときに出会い、子宝旅行に行った後、子どもを授かることができました。きっかけを信じて行動することで、ポジティブになれました。

福岡県北九州市 看護師　M・Kさん

※ほか、ここに掲載しきれないほど数多くの声を寄せていただきました。紙幅の都合により掲載できなかったみなさまにおわびするとともに、改めてお礼を申し上げます。ありがとうございました。

崔 燎平（さい・りょうへい）

北九州の経営者であり、占い開運アドバイザー。12年前に占いをはじめ、今までに5万人ほどを占ってきた。ときに優しく、ときに厳しく相談者に応え、生き方を変容させる占いで評判に。口コミで人気が広まり、今では北九州だけでなく全国から相談者が訪れ、予約がなかなか取れないことでも有名。

崔燎平さんの講演音声を特別公開しています。

URLはこちら

https://youtube.com/watch?v=FdI1Pa7wbm0&t=32s

※ YouTubeの内外出版社公式チャンネルの「書籍」
カテゴリー内にございます。
※音声の公開は予告なく終了する場合があります。
ご了承ください。

50000人を占ってわかった

99%の人生を決める
1%の運の開き方

発行日 ―――― 2018年5月1日 第1刷
2025年1月20日 第9刷

著　者 ―――― 崔 燎平

発行者 ―――― 清田名人

発行所 ―――― 株式会社 内外出版社
〒110-8578 東京都台東区東上野2-1-11
電話 03-5830-0237（編集部）
電話 03-5830-0368（販売部）

印刷・製本 ―――― 中央精版印刷株式会社

ISBN 978-4-86257-352-0